妈妈的情绪，决定孩子的未来

谈 旭 ◎ 著

图书在版编目(CIP)数据

妈妈的情绪,决定孩子的未来 / 谈旭著. — 北京:
中央编译出版社,2016.1
ISBN 978-7-5117-2869-2

Ⅰ.①妈… Ⅱ.①谈… Ⅲ.①家庭教育 Ⅳ.①G78

中国版本图书馆CIP数据核字(2015)第278546号

妈妈的情绪,决定孩子的未来

出 版 人:	刘明清
出版统筹:	董　巍
策划编辑:	黄海明
责任编辑:	韩继海
责任印制:	尹　珺
出版发行:	中央编译出版社
地　　址:	北京市西城区车公庄大街乙5号鸿儒大厦B座(100044)
电　　话:	(010) 52612345 (总编室)　　(010) 52612313 (编辑室)
	(010) 52612316 (发行部)　　(010) 52612317 (网络销售)
	(010) 52612346 (馆配部)　　(010) 55626985 (读者服务部)
传　　真:	(010) 66515838
经　　销:	全国新华书店
印　　刷:	北京建泰印刷有限公司
开　　本:	710毫米×1000毫米　1/16
字　　数:	140千字
印　　张:	15
版　　次:	2016年1月第1版第1次印刷
定　　价:	35.00元
网　　址:	www.cctphome.com　　邮　　箱: cctp@cctphome.com
新浪微博:	@中央编译出版社　　微　　信: 中央编译出版社(ID: cctphome)
淘宝店铺:	中央编译出版社直销店(http://shop108367160.taobao.com)　(010) 52612349

本社常年法律顾问:北京嘉润律师事务所律师　李敬伟　问小牛
凡有印装质量问题,本社负责调换。电话: (010) 55626985

前言

Preface

每个妈妈在怀孕之初,都希望未来的宝宝聪明健康,也都希望自己能做一个温柔、出色的辣妈。但随着孩子一天天成长,从牙牙学语、蹒跚学步,到有自己的脾气性格,孩子不再是那个曾经听话可爱的宝宝,妈妈也渐渐失去了耐心,成为孩子心中的"河东狮"。

当然,妈妈偶尔一次情绪失控并不会严重伤害到孩子,但妈妈一定要知道,孩子们其实是在和成年人的交往中去观察、认识、学习如何与人打交道的。这就和"近朱者赤,近墨者黑"的道理一样,长期生活在一种过于激烈或愤怒的情绪氛围下,不仅会使孩子感到害怕,还会影响到他们的行为模式——他们不知道怎样才是正确的与人交往的方式,以为吼叫、发怒就是最佳、最自然的方式。

从这个角度来说,妈妈就是孩子的一面镜子,有什么样的母亲,就会养育出什么样的孩子。当上帝决定你成为一个女人的时候,已经授予了你创造人、养育人的职责,并要求你要做一个身心健康、精神面貌良好的女性。这是作为一个母亲必备的特质,只有这样的女性才能称得上完美,才能圆满完成生育并养育孩子的工作。

简言之,妈妈的情绪,决定了孩子的未来。

那么,什么样的心理状态会导致妈妈的负面情绪呢?

很多妈妈感情上不能接受孩子"不听话"。因为她们觉得,如果孩子不听话，就不能在自己的监控引领下健康成长，长此以往，孩子会偏离妈妈为他设定的"理想道路"，最终导致孩子的将来岌岌可危——哪怕孩子只是在用右手梳头还是用左手梳头这件事情上没有听话，妈妈也有可能因此而联想到孩子的未来是多么让人担心。

有这种思维习惯的妈妈太过于焦虑，她们的悲观情绪会将原本简单的小问题无限放大，最终让想象出的那个"恶劣的后果"把自己气得够呛。

还有一类妈妈，她们责任心很强，花费了大量的心思在孩子身上，在意孩子的一言一行，一旦发现问题，就如埋伏在树丛里的侦察兵发现了敌情，立马就会冲上去，当即开战。对孩子在意、用心，这绝对是件好事，但关键在于，如果是处在这样一种高压下面，怎么能在教养孩子的过程中享受到乐趣？怎么能为自己高度紧张的情绪松绑呢？

另外，妈妈也是女人，女人大都非常爱面子，会因为面子问题给自己找不少的气受。如孩子不乖不听话，就会担心别人说自己无能，没有教好孩子；孩子学习成绩不好，会觉得脸上无光，羞于见人；甚至有的妈妈看到自己的孩子没有别人家孩子长得漂亮，也会窝火上好一阵子……要想少生点儿气，最好就事论事，孩子是孩子，面子是面子，分开看待会好受些！

……

每位妈妈都说，自己爱孩子，孩子就是自己的一切，可越是这样，越不能容忍孩子跟自己的期望有差距，越是对孩子要求严格，越容易发火。你觉得你为孩子付出了一切，但孩子却认为你根本不爱他，甚至因为你的训斥、指责而痛恨你、疏远你，进而变得更加逆反，更加不听话。爱的力量远远大于批评，别让训斥、指责掩盖了你对孩子的爱。

孩子诸多问题的诱因多是心理原因造成的，阅读本书，能帮助妈妈们洞察孩子的心理，与孩子快乐沟通，每天改变自己一点点，接纳孩子一点点，相信妈妈会越做越快乐——别忘了，享受当妈妈的快乐，才是我们生养孩子的唯一理由！

目录 Contents

第一章　不生气：别让担心和爱转化为"气" ……………………… 1

1. 自己首先要有平稳的情绪 ……………………………………… 1
2. 孩子愤怒的时候，妈妈要理智 ………………………………… 4
3. 不抱怨，养成阳光性格的小天使 ……………………………… 7
4. 从容面对孩子的"调皮捣蛋"行为 …………………………… 11
5. 利用孩子的叛逆心理，激发他的进取心 …………………… 15
6. 生气的时候千万不要迁怒孩子 ……………………………… 18
7. 教孩子理智面对负面情绪 …………………………………… 21
8. 有宽容心的孩子，人生之路更开阔 ………………………… 24

第二章　不溺爱：学会放手，宽严有度 ……………………………… 27

1. 适当宠爱孩子，但不能过度 ………………………………… 27
2. "润物细无声"，让孩子感觉不到你在教育他 ……………… 29
3. 给孩子打造一个积极向上的家庭氛围 ……………………… 32
4. 不包办，自己的事情自己做 ………………………………… 35
5. 舍得放手，让孩子吃点苦 …………………………………… 38
6. 跌倒了，鼓励他自己爬起来 ………………………………… 41
7. 拒绝孩子的不合理要求 ……………………………………… 43
8. 宽严有度，"虎妈"不等于好妈妈 …………………………… 50

第三章　不虚荣：孩子永远比面子重要 …… 53
1. 过于功利会毁掉孩子 …… 53
2. 只跟自己比才是正确的提升办法 …… 57
3. 孩子永远比面子重要 …… 60
4. 分数不能用来评判孩子的优劣 …… 63
5. 别让物质奖励偷走孩子的乐趣 …… 66
6. 带孩子远离攀比的虚荣和自卑 …… 68
7. 孩子不是用来炫耀的道具娃娃 …… 72
8. 坦然面对别人给予孩子的差评 …… 74

第四章　会沟通：妈妈这样说，孩子才肯听 …… 77
1. 心有灵犀，读懂孩子的非语言行为 …… 77
2. 不需要孩子如木偶般"乖乖听话" …… 80
3. 学会倾听，做孩子的贴心好朋友 …… 84
4. 有技巧地说话让沟通更顺畅 …… 87
5. 巧用鼓励，培养孩子强大的自信 …… 89
6. 纠正孩子说脏话的坏习惯 …… 92
7. 教训孩子是最糟糕的沟通方式 …… 95
8. 见招拆招，改掉孩子的坏毛病 …… 98

第五章　不拖拉：妈妈有时间观念，孩子才自律 …… 101
1. 做个不拖拉的好榜样 …… 101
2. 拖拖拉拉的背后是厌学 …… 105
3. 不拖拉的孩子学习效率高 …… 107
4. 没有天生"懒惰"的孩子 …… 111
5. 树立孩子的时间观念 …… 114
6. 不做"完美主义"孩子 …… 117
7. 教孩子每天做事有计划 …… 119

第六章　善肯定：培养自信比纠正错误更重要 …… 123

1. 培养自信比纠正错误更重要 …… 123
2. 尊重孩子从小事做起 …… 125
3. 肯定孩子的每一分努力 …… 128
4. 善于发现孩子的潜力和优势 …… 130
5. 随时保护孩子的自信 …… 132
6. 不要轻易给他贴上"坏孩子"标签 …… 135
7. 在错误中发现孩子的优点 …… 138
8. 让孩子多多体验小成功的喜悦 …… 141

第七章　懂欣赏：站在孩子的高度看世界 …… 144

1. 用微笑陪伴孩子的成长 …… 144
2. 和孩子一起用幽默妆点生活 …… 147
3. 与孩子共享自然之美 …… 150
4. 好奇心里隐藏着无限可能 …… 154
5. 共同探索阅读童书的乐趣 …… 157
6. 换个角度发现童真的美好 …… 160
7. 用童心欣赏孩子的奇思妙想 …… 163
8. 陪孩子一起发现世界的秘密 …… 166

第八章　不浮躁：急躁心态容易让孩子失去耐心 …… 169

1. 急性子的小孩 …… 169
2. 兴趣转移太快的孩子 …… 173
3. 急性子妈妈更容易让孩子失去耐心 …… 176
4. 让孩子明白，成绩是靠付出换来的 …… 178
5. 教孩子该怎么做，而不是一味责备 …… 182
6. 教孩子每次只做一件事 …… 184
7. 教孩子学会坚持 …… 186

第九章 不自满：给骄傲的孩子"泼点冷水" …… 189

1. 过分夸奖让孩子骄傲自大 …… 189
2. 夸孩子聪明不如夸他用功 …… 192
3. 给骄傲的孩子"泼点冷水" …… 194
4. 让孩子学会善待批评和意见 …… 197
5. 为孩子安排具有适度挑战性的游戏 …… 199
6. 给孩子创造遭遇挫折的机会 …… 202
7. 教孩子看到别人的优点 …… 204

第十章 懂感恩：在孩子的心中播下爱的种子 …… 207

1. 营造感恩的环境 …… 207
2. 从小培育感恩的心 …… 211
3. 会感恩的孩子更懂爱 …… 214
4. 留给孩子一个爱的机会 …… 217
5. 教孩子学会给予 …… 219
6. 孝顺是代代相传的宝贵财富 …… 221
7. 珍惜孩子宝贵的爱心 …… 224
8. 帮助别人是快乐之本 …… 226

第一章

不生气：别让担心和爱转化为"气"

1.自己首先要有平稳的情绪

大人的世界充满了烦恼的事，遇到不开心、不顺心或者孩子不听话的时候，难免会情绪失控，所以经常可以看到妈妈皱起的眉头和无奈的耸肩，她们无可奈何地抱怨："这么不听话的孩子,气都快被他气死了……"

妈妈动不动就暴跳如雷，会让孩子感觉莫名其妙，心中充满委屈，也会让孩子感到畏惧，时间久了，就会形成压抑的情绪。更重要的是，这样的孩子长大后也可能会和妈妈一样，易怒而控制不了自己的情绪。心理学上称之为"仿同"心理，孩子会把妈妈的欲望、个性特点不自觉地吸纳为己有，并表现出来。这极其不利于孩子后天健康性格的形成。

有一个妈妈和女儿在吃饭，那女孩儿看上去大约五六岁的样子，小家伙对装果汁的半圆杯子产生了浓厚的兴趣，不停地看过去摸过来，直到"嘭"的一声，果汁连杯子一起摔碎在了地上，小家伙的胳膊上也洒了不少果汁。

"你这个孩子怎么回事儿？你就是手痒痒！跟你说过多少遍吃饭的时候不要玩，你就是不听！告诉你，你再这样，我以后就不带你出来吃饭了！还不快跟我去洗手！"妈妈大声地斥责着女儿。

戏剧性的一幕就在这时候发生了，这个妈妈起身的时候太急，没有注意到餐巾还搭在她腿上，她刚一转身，那块餐巾就扯着盘子、刀叉、杯子、水瓶，"哐当"一声全摔在了地上。声音之大，引来了所有人的张望，妈妈难堪极了，她怒视着女儿："都怪你！这下你高兴了吧！盘子都摔碎了，还吃什么吃！"小家伙原本就撇着的嘴，终于顶不住妈妈的愤怒，"哇"地哭了起来。

等那个妈妈拉着小家伙从洗手间里出来时，服务生已经给她们换了一套餐具，但看得出，妈妈和女儿的好心情也和玻璃杯、盘子一起摔碎了。

其实，当孩子把玻璃杯打碎的时候，她自己也被吓到了——如果她知道她玩杯子的后果是连果汁也喝不成了，那她一定不会那么做。可惜，这个孩子才五六岁，她还没有足够的"生活经验"来指导自己的动作。

作为妈妈，这个时候如果用轻柔的声音说："没关系，再要一杯果汁就好了，玻璃杯很容易碎，最好不要拿来玩，知道了吗？"孩子一定会在心里感激妈妈没有骂她，也会更珍惜下一个玻璃杯；而妈妈自己也不会生那么大的气，当然也就不会因为心急火燎地起身而将那堆盘子、杯子全打碎了。

孩子"搞破坏"这种事多不胜数，很多妈妈遇到这种情况往往会怒不可遏,愤怒地教训孩子一顿。但换个角度想想,这些"事故",也许是一个可以让他变得更好的机会。

叮当喜欢看《猫和老鼠》,为了看这部动画片,妈妈让她出去玩她也不愿意。妈妈担心这样下去,叮当会养成孤僻的性格,影响她的大脑发育,所以经常叫一些小朋友过来带着叮当玩。

一次家里突然停电,叮当大哭了起来,无论妈妈怎么哄她都不听,就是吵着要看《猫和老鼠》,还在地上打起滚来。面对孩子的胡搅蛮缠,妈妈终于动怒了,呵斥叮当说:"我管不了你了是不是?停电了,你要我从哪儿偷电去?"妈妈指着电视的信号灯处吼道:"你没看到这里都不亮了吗?不许哭了!再哭,就算来电了也不让你看!"

听到妈妈的怒吼,叮当哭得更大声了,直喊:"我讨厌妈妈,我恨妈妈!"

妈妈大吼道:"那你别管我叫妈妈了,你讨厌我、恨我,管我叫妈妈干吗?"

一些妈妈无法招架孩子的激动情绪,以为发脾气、呵斥、打骂等举动能治住孩子,却因毫无效果而变得越发烦躁。甚至随着孩子情绪的反复无常,妈妈的耐性也越来越小,常常在孩子将要发脾气前先呵斥孩子不许哭、不许闹,这也不许,那也不让,导致孩子的情绪无处发泄。

妈妈们言辞凿凿地要求孩子停止无厘头的哭闹,说得好听是教育,说得不好听就是威胁孩子。当孩子迫于你的威信不得不低头认错时,你以为已经有了成效,但实际上只是孩子选择了暂时屈服——相当隐讳的口服心不服。

教育孩子不能以暴制暴。当妈妈在情绪激动的情况下教育孩子时,又怎么能指望孩子会相信从一个脾气不好的人的嘴里说出的"要做个不乱发脾气的人"之类的话呢?

想让孩子学会控制情绪,首先自己要成为一名情绪平和的妈妈。妈妈是一个家庭里最重要的角色,她既可以使家庭成为一个温暖的、让人乐于回归的所在,也可以使家庭成为一个充满压力和焦虑的地方。只有妈妈懂得控制自己的情绪,你和丈夫、孩子住的那间屋子才能成为真正的家,一个舒适、温暖、让人心生向往的地方。

2.孩子愤怒的时候,妈妈要理智

不管是看到别人发火还是自己感觉气愤,愤怒总是令人感到不舒服,而看到自己的孩子生气更加令妈妈们难以忍受。为了缓解这种不舒服的感觉,妈妈通常会要求孩子"别哭"或者说"没什么好哭的"之类的话。正是在这些时候,孩子心中种下了不良的宣泄愤怒的种子。

妈妈让孩子压制愤怒情绪的教育方式,会让孩子在长大后因为这些被压抑的情绪而爆发。害怕自己愤怒的人永远也学不会倾听愤怒所要传递的信息。所以,与其告诉孩子愤怒是不对的,"幸福的家庭"从不会发火,或者怒火最终将导致暴力与恐惧,不如教育孩子愤怒没有错。愤怒是自然的,是普通的,我们要以健康的方式体验它、表现它。

豆豆坐在餐桌前,一一看过桌子上的菜。妈妈将盛好的饭放在她面前,豆豆却将碗用力推了出去,对妈妈愤愤地说:"我不吃了。"妈妈不解地问:"为什么不吃了?"豆豆回答说:"没有我喜欢吃的。"

爸爸劝豆豆说:"乖孩子,这么多菜呢,来,尝尝这黄瓜片,特别好吃。"爸爸说着便给豆豆夹了几片黄瓜。豆豆看着碗里的菜,更生气了,她哭着喊:"我不吃,我不吃,我就不吃。"

妈妈赶紧过来哄她,将勺子放到豆豆嘴边说:"乖,来尝尝,就尝一口,可好吃了,豆豆一定会喜欢的。"豆豆推开妈妈的手,从凳子上跳了下来,躺在地上,手乱抓脚乱踢,哭闹着就是不吃。

爸爸本想发火,却被妈妈制止了。妈妈抱着豆豆说:"乖乖,妈妈知道豆豆想吃鸡蛋,妈妈这就去给豆豆做,马上就好了。"

哭是孩子的法宝,在孩子眼里,只要一哭闹,自己所有的要求都能得到满足。而在面对孩子哭闹的时候,很多父母也会很快地举手投降。孩子之所以喜欢哭闹,就是因为他们知道这是对抗家长的有效"武器"。

其实,孩子从出生开始就有了情绪。在最初的两年里,其情绪获得了快速的发展。一般来说,在孩子半岁以后,其情绪就表现得很明显了,随着孩子年龄的增长,其情绪表现就会越发突出。而妈妈们常说孩子发脾气,一般是指那些消极情绪,比如愤怒、哭闹、耍赖等。在孩子不到一岁的时候,其发脾气背后的原因本质上大多是合理的,只是那样的表现形式让妈妈们觉得不大喜欢。孩子一岁以后,才逐渐有了故意用脾气操纵家长的行为倾向。

吃完晚饭后,安婷在给儿子瑞阳放好儿歌后,就去给瑞阳做手工。那首儿歌很短,没过多久,瑞阳就不停地叫妈妈给他重放。安婷放了几次之后,便没有再管瑞阳,而是专心地做手工。

等到过了10分钟左右安婷想起瑞阳的时候,发现他已经把护手霜抹在了脸上、衣服上,沙发上也被弄得到处都是。最让安婷生气的是,电脑被儿子弄关机了,而且上面也有护手霜的痕迹。安婷生气地冲儿子大吼道:"你看你像什么样子,一瓶护手霜都被你浪费了,看看你的衣服上、脸上,快点自己把脸洗干净。"

瑞阳洗完脸后就上床了,睡觉之前,安婷像往常那样讲故事给他听。安婷一个接一个故事地讲着,讲得自己都快睡着了,瑞阳还让她继续讲。突然,安婷想起阳台上的衣服还没有收,就去收衣服。衣服还没有收完,安婷就听到了瑞阳在屋子里撕书的声音。当安婷跑进房间的时候,瑞阳已经把书撕得差不多了。看到瑞阳愤怒的眼神,想想自己之前对儿子的怒吼,安婷把要骂出口的话咽了回去。她平复了一下自己的心情,然后到床边摸着瑞阳的头说:"瑞阳是不是对妈妈有意见呀?之前妈妈骂你,你是不是很生气?妈妈在这里向你道歉。但你也有不对的地方啊,以后妈妈不在你身边的时候,你可以大声地喊妈妈,但不可以这样乱撕乱弄,否则妈妈会不喜欢你的。"

"妈妈,我再也不这样做了,我要妈妈亲亲。"安婷亲完了之后,瑞阳就乖乖地睡觉了。

当孩子发脾气的时候,一些妈妈可能会说:"我辛辛苦苦把你拉扯大,给你吃,给你喝,你还有什么不满意的?有什么资格和我发脾气?"也会有一些年轻的妈妈觉得孩子的脾气越来越坏,已经到了无法容忍的地步,为了让孩子改掉这种习惯,她们常常粗暴地打断孩子所表达的愤怒和不快,甚至会大打出手。这些都是错误的。

每个孩子都有他们自身的需要,他们也需要发泄自己的不满和愤怒。所以,妈妈要先学会接纳孩子的愤怒,容忍孩子发脾气的行为,让孩子的不满得到更多的宣泄,这和毫无原则地溺爱完全是两码事。

妈妈要避免用愤怒去响应孩子的愤怒,因为那会使孩子的情绪发酵扩大。最好的做法是以平静、温和的声音响应孩子,如此,你才能引导孩子的行动,同时,你也以自己的行为为孩子示范了你希望在孩子身上看到的行为。

3.不抱怨,养成阳光性格的小天使

这是一个浮躁的社会,一个充满抱怨的社会。

领导抱怨下属做事不用心,老师抱怨学生不进取,家长抱怨孩子不听话;百姓抱怨领导腐败,学生抱怨老师不理解,孩子抱怨家长少陪伴……

当孩子没有做好某件事或没有按自己的意愿去做时,一些家长便会唠叨个不停,抱怨个没完。

很多家庭里都有一个爱抱怨的妈妈,可无数事实表明,抱怨只能带来负面效应。

有一个孩子上小学三年级,期中考试过后,他把成绩单拿给妈妈看,有三科成绩都是90分以上,另有一科成绩为65分。妈妈对孩子说:"怎么学的?一门课程差点不及格,才60多分,不行,必须抓紧。这样吧,给你请个家教,以后多花点时间学习,除了周末,不许看电视。"孩子很听父母的话,从此,每天放学后就去家教老师那学习。

期末考试后,这科的成绩是85分。妈妈开完家长会回家后对孩子说:"你怎么这么笨?我们花了这么大功夫每天送你去家教,成绩一点长进都没有,期中在全班排30名,这次反而掉到了32名,真让我们失望。"结果,整个暑假,孩子都没开心玩几天,除了上补习班就是在家学习。

又一个学期过去了,孩子的成绩到了90多分,进入了班里的前十名。这时,妈妈又说:"你看,家教和上补习班管用吧,否则,你还在30多名晃着呢!这年头,哪个孩子都不傻,大家都在使劲学,就看谁刻苦。"

又一个学期过后,孩子的成绩进入了班里的前五名。孩子满心欢喜地把成绩单拿给妈妈看,希望听到妈妈的表扬和肯定,希望妈妈能为自己的进步而感到骄傲。可这时妈妈却说:"这有什么可显摆的,你又不第一名,以后还得好好学习,不能贪玩。"

等到孩子真的拿了第一名时,妈妈又对孩子说:"可不能骄傲,一不小心,成绩就会掉下来,千万不能翘尾巴。"后来,在父母的严厉管教下,孩子除了读书学习,几乎不做别的事情,也很少跟同学玩。

经过努力,孩子考上了重点高中,后来又考上了名牌大学。但在大学二年级时,他患上了严重抑郁症,不得不休学一年,毕业后也一直郁郁寡欢,不敢恋爱,害怕结婚。

一个原本听话聪慧的孩子失去了活泼快乐的童年,没有了热情灿烂的青年,面对的将是不太乐观的难以成功的成年,这都该怨谁呢?

孩子的成长过程中难免会遇到困难和挫折,这个时候,做母亲的不能抱怨,更不能袖手旁观,而应对孩子进行积极引导,让他们看到方向,看到希望。

妈妈要想做好子女的灯塔,首先要懂得给予自己希望。希望不是回忆过去,而是憧憬未来,在遇到困难的时候不抱怨的人,才能真正走出困境,妈妈们的责任就是让孩子拥有一颗充满希望的心。

比如,孩子偶然在一次考试中失败,这个时候,妈妈要理解孩子的感受,把他从失落中拯救出来。你也可以让孩子知道"塞翁失马,焉知非福",用你温暖的言语让孩子懂得,失败有时并不是坏事,考试的目的就是为了查漏补缺,好好总结失败的教训,这样就为以后的考试增加了获胜的几率。

抱怨不是天生的,通过努力就能将其转变成一种新的态度——乐观。当你在生活中养成积极乐观的态度后,你会微笑面对每一天,面对周围的每一个人。如此一来,孩子看到微笑的母亲,自然就看到了生活的希望,看到了美好的明天。

有一个小女孩从小就不喜欢学习数学,一天放学回家,她对妈妈抱怨说:"算术真的太难了,从明天开始,我不去学校了。"妈妈用温和的眼光注视着女儿:"真的吗?你这么讨厌数学啊!我带你去一个地方,也许你会改变自己的想法。"

妈妈带着这个小女孩驱车奔向附近的一个农场,跑了一段时间后,车停了下来。妈妈指着道路一侧的废墟和工人住的简易房对这个小女孩说:"孩子,你看到那些房子了吗?"

"为什么会变成这样呢?"

"以前这里住的都是有地位的人,但战争爆发后,这里变成了废墟。而住在里边的人也变得穷困潦倒。那些战争之前风光的人、雄伟的房子,都在战争中消逝了,成了这个样子。"

接着,妈妈又指着道路另外一侧略显壮观的房子对女儿说:"孩子,你再看这边。"

"妈妈,这边的房子怎么没有被战争破坏呢?"

"因为这里住的都是有力量的人,他们在战后凭借自己的力量建立了这样的房子并坚持了下来,屹立不倒。"

"那我也要成为有力量的人!"

"很好。只有做一个有力量的人,才能在遭遇困难和挫折的时候拥有战胜困难的武器,这样,你就不会在困难中变得跟那些废墟一样了。所以,你要好好学习。如果不认真学习的话,就得不到任何人的重视,尤其是女孩子。"

"拥有了知识,任何困难我们都不会害怕。"小女孩对妈妈说道。

很多年之后,这个小女孩把妈妈展示给她的景象用文字记录了下来,妈妈给她展现出来的坚强也真实地在她的人生中反映了出来。她把这些都写进了一本叫作《飘》的小说而流传于世,给很多试图从失败和挫折中重新站起来的人送去了希望。

这个小女孩就是著名的作家玛格丽特·米切尔。玛格丽特的妈妈就是用这样简单的方式让女儿对自己的人生充满了希望,妈妈的教育培养了她热情、执著和不屈不挠的精神。

是妈妈教会了玛格丽特远离抱怨,要坚强,要靠自己活着,她才找到了自己的人生舞台。

其实,无休止的埋怨对孩子本身就是一种伤害。当抱怨成为一种习惯,孩子身上负面的东西会被放得越来越大,甚至孩子的一个眼神、一句话都可以让抱怨的妈妈浮想联翩,进而感慨孩子是多么的不成器。

无休止的抱怨只会破坏你与孩子之间的亲子关系,加大交流的难度,让孩子产生"受够了"的厌烦思想,逐步走向自暴自弃。所以,与其让自己变成孩子厌烦的"抱怨"妈妈,不如把每一次的教育效果加强,让自己说的话更容易让孩子接受。这样,你不用那么累,孩子也会更加愿意和你沟通,关系自然就会变得融洽了。最重要的是,你摆脱了"抱怨"妈妈的称号,孩子的性格也会变得更加阳光健康。

世上没有十全十美的人,也没有百分百正确的事情。当家长不再用这样的"完美"来要求孩子的时候,也要让孩子明白每个人都会有缺点和不足,让孩子学会理解别人和自己身上的缺点、不足,从而学会乐观地对待生活。

当孩子不小心做错某件事情的时候,可以告诉孩子:"妈妈小时候也有犯错的时候,但妈妈知道那样做是不对的,之后就再也没有犯过类似的错误。"孩子是在不断的错误中吸取教训、总结经验的,下次的错误会成为他的一个新起点,慢慢地,他就会破茧成蝶。

4.从容面对孩子的"调皮捣蛋"行为

调皮、好动是儿童的天性,也是自觉性和创造力萌发的幼芽,只要不太出格,父母就不要对孩子限制太多。什么都看大人的眼色行事,唯唯诺诺,这样长大的孩子将来往往不会有什么出息。

但许多中国父母没有认识到这一点,在处理孩子"调皮捣蛋"行为时常常用管教的方式。

小虎小时候就像许多男孩一样,非常"调皮捣蛋",让人头疼。

像许多男孩一样,在家里,他喜欢到处涂鸦。妈妈为他准备了图画本、画板,让他在上面画,可小虎喜欢即兴创作,客厅的墙上、柜子上随处可见其杰作,画完以后,他还要拉着妈妈的手点评一番:"妈妈,你看我画得好不好?这是妈妈,这是爸爸,这是我,还有奶奶……"

"好好,画得好,要是能画在本子上或画板上就更好了。"可等到下一次,他还是随处乱画。

除了画画随意,小虎的东西摆放得也很随意。他的玩具、故事书总是到处乱放,客厅里随处可见他的"军火库"、"飞机场"。

更让妈妈难以忍受的是,小虎是一个"人来疯",每当大姐的女儿娟子、张老师的儿子小林来玩,小虎都会特别兴奋,一会儿在地上打滚,一会儿又往桌上爬,边蹦还边喊道:"我是齐天大圣孙悟空!"只差再拿根金箍棒大闹天宫了。这时,一旦有人说:"你们看,小虎还真有些像美猴王耶!"小虎就更来劲了。

虽然小虎的行为很让人生气,但为了孩子自觉地正向成长,妈妈从不要家长的权威,用管教的方式规定孩子别这样、别那样,否则家法从事,而是尽量放手,由着孩子去,然后做一些正向引导。让他们没有想到的是,学龄前小虎的调皮行为还好办,上学后的麻烦才真让人头疼。

小虎上学后,上课交头接耳、做鬼脸是常有的事。有一次,老师在上面讲课,他和两个同学趴在课桌下玩。还有一次,他上课揪前面女同学的小辫子,被老师罚站。第二节课,他报复这位女同学,在女同学要坐下时把板凳给抽了,女同学一屁股坐空,仰摔到地上,额头被桌角磕破,流了不少血。出了这样的事,老师自然要请家长。学校甚至发出了警告,要是小虎再不听管教,就勒令其转学。

"小虎这么淘气,都是你这当妈的惯的!他再这么下去,跟街头上的小混混没什么两样!"爱人盛怒之下第一次用尺板狠狠管教了小虎一通,小虎被打得鬼哭狼嚎。

为什么很多父母认为"调皮捣蛋"的孩子就不是好孩子,在孩子不守规矩犯小错的时候还能勉强容忍,一旦闯了祸,犯了大错,就不能再容忍而对孩子严厉管教呢?

这首先是因为许多父母都还没有客观地认识到孩子就是孩子,在他们的头脑中,没有成人世界的条条框框,所以他们在行动上更加随心所欲,常常与成人世界中的各种规矩相冲撞,引发出许多矛盾和冲突,从而给父母带来许多麻烦。尤其是男孩子,进入到集体以后,这种表现会更加明显。由于父母普遍都还没有认识到这些,所以他们会在怒气的主导下用管教的方式斥责甚至打骂孩子,在孩子惹了大麻烦后更是如此。

再者,父母只是看到了孩子因"调皮捣蛋"所带来的麻烦,却没有认识到相对尊重孩子调皮捣蛋的行为,对孩子适度放教会带来的好处:它能激发孩子的自觉行为及创造力。孩子在"调皮捣蛋"的时候,每个精神元素都会被调动起来,而且,在孩子不守规矩的行为中,往往隐藏着许多创新元素。

据美国明尼苏达大学教育心理学专家研究,自觉行为及创造力强的儿童多数具有三个让人讨厌的特点:顽皮、淘气、荒唐和放荡不羁;所作所为时逾常规;处事不固执,较幽默,但难免带有嬉戏态度。这也是许多杰出人物儿时大都是"调皮捣蛋"的孩子的原因。难怪会有日本教育家倡导"教育一个调皮捣蛋的孩子"。

那么,对待孩子的调皮行为,具体该如何做呢?

小虎妈妈的做法是对的,就是要在相对尊重和理解孩子调皮行为的基础上放教孩子,加强正向引导。绝对不能用管教的方式,这会把孩子管死,让孩子失去自我成长的动力。妈妈的问题是,正向引导得不够,还需要进一步加强。

等到爱人气消得差不多后,小虎妈妈讲了这样一个故事:

诺贝尔生物学获得者卡哈尔小时候也是个淘气大王。一会儿在墙上涂鸦,一会儿上树掏鸟,一会儿又上房揭瓦,整天在外惹是生非,弄得学校和家长都非常头痛,训斥、禁闭都用上了,可卡哈尔还是老样子。有一次,卡哈尔用自制的弹弓射伤了邻居的孩子,闯下了大祸,警察把他抓去拘留了3天。卡哈尔的父亲是位大学教授,这次可真生气了,不仅中断了儿子的学习,还决定对儿子严加管教,逼迫他去学理发和修鞋,甚至讥讽道:"你这么调皮,以后也只能干这些了!"

在卡哈尔的两年学徒中,父亲也进行了深刻的反思。经过这段时间的思考,他终于明白了过来,淘气是孩子的天性,因为孩子淘气而又重新回到管教孩子的道路上是一种愚蠢透顶的做法。于是,他立即改弦更张,把儿子接回了家,并亲自执教,这才成就了今天的卡哈尔。

爱人听完这个故事后,沉默了下来。

"我要告诉你的是,你不能因为小虎淘气闯了祸就把小虎彻底否定,小虎不可能是街头混混！"妈妈哭道。

爱人也忍不住哭了。

"这也是我为什么在这一问题上较放纵小虎的原因。不能因小虎调皮捣蛋闯了祸，就彻底否定这一教育原则。"妈妈说道。

当然，通过此事，妈妈也认识到自己要加强正向引导。此次小虎闯祸虽有偶然性，但也跟她正向引导不够有关。

这次闯了祸，加上又受到了爸爸的惩罚，小虎老实了不少，但上课交头接耳做鬼脸的事还是时有发生。

也许是"江山易改，本性难移"，上初中后，小虎调皮的天性又显露了出来。

他的语文老师是武威人，说起话来鼻音很重。下课后，老师前脚走，他后脚就走向讲台，捏着鼻子，学着语文老师的样子，阴阳怪气地在讲台上念课文、讲课，弄得同学们一个个捧腹大笑。有一次，小虎正在即兴表演，恰好被折回来的语文老师撞上了，不仅狠批了他一顿，还把家长请来了。

这次，妈妈还像以前一样，在对小虎调皮行为给予相对尊重理解放教的基础上，开始加强正向引导。

"你觉着自己学老师的腔调即兴表演对不对？"妈妈问道。

"有什么不对？连毛泽东、周恩来都有人扮演、表演，不仅没人说什么，许多人都还说演得好，我扮演一下语文老师有什么不行？"小虎低着脑袋，撅着小嘴嘟囔道。

爱人看了一眼妻子，看她如何正向引导。

"没错。可他们在扮演领袖人物的时候，是不是也像你那样捏着鼻子，阴阳怪气，故意恶搞？"

小虎扑哧一笑，又连忙低下头。

"要是有人这样扮演领袖，你觉得是对领袖的什么？"

"不尊重。"

"那你那样扮演语文老师呢？"

"妈妈,我知道自己错了……"

之后,小虎的恶作剧行为依旧层出不穷、花样百出,但每次妈妈都会在尊重理解的基础上正向引导孩子,而不是简单粗暴地训斥了事。

"调皮捣蛋"是孩子的天性,在孩子因"调皮捣蛋"在外惹了大麻烦时,妈妈一定要冷静,不能因此对孩子进行全盘否定。孩子的调皮行为伴随着整个成长过程,小的时候会多一些,随着年龄的增长,就会慢慢少下来。不要期望正向引导一次就能去掉。

5.利用孩子的叛逆心理,激发他的进取心

16岁的子然是独生女,妈妈对子然的管教很严格。从小学开始,子然就被妈妈逼着每天早上5点起床背英语,6点的时候去小区里跑步,7点准时吃早餐,自己去上学,晚上放学回家不能晚归20分钟,晚饭后,子然还要上兴趣辅导课。

除了这些,妈妈还规定子然不能乱交朋友,不能和同学进入KTV、网吧等娱乐场所,外出游玩必须有爸爸或妈妈陪同,平时的零花钱要一一上报……如果子然做不到这些,或者是在学习中出现了差错,妈妈就会对她进行责骂,甚至还会用粗暴的方式让子然记住教训。子然没有辜负爸爸妈妈的厚望,学习一直都很优秀。

可是，在子然初三那一年，她好像突然变成了另外一个人，经常和同学逃课，周末出没在网吧，结交了一些社会上的朋友。为此，妈妈狠狠地打了子然一顿。妈妈原本以为子然会慢慢地改过来，但子然反而变得更叛逆了，她耳朵上的几个耳洞就像在向妈妈"宣战"。

孩子正处于青春叛逆期的时候，在各个方面都希望独立，喜欢尝试一些之前没有做过的事情。在孩子小的时候，他们可能会因为妈妈管得过于严格而不敢和妈妈抗衡，但他们会把这种渴望一直放在心里，等到自己有足够强大的心理承受能力时再与妈妈对抗。

妈妈们应当适时地放松对孩子的管教，这样才能让孩子慢慢地消化他们的"叛逆"心理。

佳梦的女儿卿琴今年10岁了，卿琴喜欢按照自己的方式去做事。一天，佳梦做好饭喊卿琴吃饭，不料一直在看电视的卿琴听到妈妈的喊声竟然回屋写作业去了。

"先来吃饭，等吃完饭再写行吗？"任凭佳梦怎么和女儿说，卿琴就是非要坚持自己的做法——写完作业再吃饭。最终，佳梦和老公只好等卿琴写完作业，一家人再一起吃饭。

有时候，卿琴也会很明显地和佳梦"对着干"，这让佳梦既生气又觉得无可奈何。

在学习上，卿琴也有这种叛逆心理。如果她喜欢某科的任课老师，她的那科成绩就会很好；如果她不喜欢某个老师，那她那科的成绩就一定会差得一塌糊涂。

从小学到中学，这段时间是孩子成长的飞跃，他们开始有了成人意识，相对独立活动的愿望也越来越强烈。现实中，他们一方面急于摆脱父母的管束,另一方面却又必须依赖父母而生存。这个时期的孩子缺乏生活经验,不能正确地理解自尊,只知道一味地要求别人把他当成人来看待。

这个时候,如果家长还是把他们当成小孩子来看待,在他们的生活和学习上给予无微不至的关怀和叮咛,孩子就会觉得烦,觉得家长伤害了自己的自尊心,从而产生反抗心理。

一旦孩子有了叛逆心理,他们就不愿意再按照家长的要求做听话的乖孩子了。这时,家长与其苦苦地压制,不如利用孩子的叛逆心理,巧妙地激发孩子的进取心。

有一个上班族的家庭,家中有个不喜欢读书且十分叛逆的孩子,注重教育的母亲给孩子请来了一位家庭教师。一般的家庭教师都是和孩子一起做功课,但这位家庭教师却不同,他不但不教功课,反倒成天和孩子一起打棒球。

母亲对这位家庭教师很不满,但有一天,母亲却听到正在和家庭教师玩球的孩子说出了"我想读书"这句话。为什么孩子突然表示他想要用功读书呢?原因是他在和原本有亲近感的书本隔离后,反而加强了他的读书欲望。换句话说,孩子原本就有对"用功读书"的自我实现欲望,但也存在着厌烦心理,游戏使他远离书本,也让他深感不安,从而刺激他表现出了读书的欲望。这种"逆疗法"对让孩子主动用功颇具效果。

处在叛逆期的孩子,他们对周围的事物都感到很好奇,喜欢尝试新东西,家长应该充分利用孩子的这个特点来激发孩子的学习兴趣,从而帮助孩子树立远大的理想。例如,有的孩子把闹钟拆开,不停地问为什么。这个时候,家长不妨细细为孩子讲解一些简单的相关知识,这样不仅能增强孩子的求知欲,还能培养孩子的学习兴趣。

这里说的顺着孩子的意愿,并不是指事事都纵容孩子,也不是对孩子叛逆的行为不予理睬,而是要让孩子自己发现做某件事的坏处,从而让他们有意识地改变自己的任性行为。对叛逆的孩子,家长要禁忌唠叨和无休止的指责。

6.生气的时候千万不要迁怒孩子

大家都有过这样的经历:心情好的时候,看谁都顺眼;心情糟的时候,看谁都不顺眼。现实生活中的人,无论对自己的亲人、朋友还是同事,都会有由于心气不顺而迁怒的时候,当然,大多数迁怒表现并不是十分明显,一般不会对对方造成伤害。

被迁怒最多的人,就是与自己相处时间最长的人——亲人。丈夫事业受挫折而迁怒于妻子,妈妈遇有不顺迁怒于孩子。夫妻之间,不过火的迁怒倒也无妨,让对方宣泄一下,自己再安慰两句,怒气也就消了,某种程度还能起到平复心绪的心理疗效。但对于未成年的孩子,尤其是年幼的孩子,妈妈的迁怒不仅无助于自己心绪的平复,还会给孩子带来心理的伤害。

丈夫在公司因工作疏忽被上司骂了一番,一整天心情郁闷至极,无处发泄。下班回到家,看到妻子还没有做好饭,怒火一下子就上来了:"你整天什么都不干,不工作,待在家里连个饭都做不好,家里乱成什么样子了,这点事都做不好,要你有什么用……"妻子无端被数落了一顿,心里自然气不过，做好了饭，见儿子仍然呆着不动在那儿看电视，便骂道："伺候完老的，还得伺候小的，饭都做好了，就不知道自己过来吃吗？用不用八抬大轿去请你？我每天操持这个家容易吗？"儿子被骂得一头雾水，完全搞不清楚状况。他拿起遥控器，关了电视，把遥控器狠狠地摔在了沙发上。

这个例子很多家庭都发生过。一个人在外面受了气，这一愤怒会引起连锁反应。人的不满情绪和糟糕心情一般会沿着等级和强弱组成的社会关系链条依次传递，由金字塔尖一直扩散到最底层，而最后那个无处发泄的小个体，就是最终的受害者。

很多妈妈心情不好的时候，习惯拿孩子出气，不过很快就会后悔。有的妈妈打过孩子以后，又觉得心痛后悔，于是立即去抚摸孩子挨打的痛处，甚至抱着孩子痛哭，并加倍给孩子物质上的"补偿"。这种情况，在开始时孩子会感到莫名其妙，但是时间一久，孩子就会习以为常，并渐渐变得和妈妈一样"喜怒无常"。

27岁的李媛去年5月结婚，今年6月宝宝出生，朋友们都羡慕她迅速完成了人生两件大事，可她却是有苦难言。李媛曾是一名出色的公关经理，性格活泼，喜欢旅游，原计划到30岁再生孩子，但宝宝的突然来临让她措手不及。

李媛和老公小辰都是广州的独生子女。去年，两人结婚，新房的装饰还没撤下，李媛就发现自己怀孕了。今年6月，李媛产下儿子。由于双方父母不便照顾孩子，李媛只能请了月嫂。照顾新生儿辛苦琐碎，李媛手忙脚乱，小辰上班后，她一天打十多个电话向他抱怨。小辰忍耐不住，朝她发了脾气，李媛伤心地在家痛哭。

在极少的闲暇时间里，李媛玩手机，看到姐妹们在朋友圈里晒美食照、旅游照和逛街照,她想起自己天天只能围着奶瓶和尿布打转,觉得人生灰暗,毫无乐趣。遇到宝宝哭闹不休,她气急了,就会把宝宝扔在一旁,抱着手机痛哭。小辰见状,指责她"当妈也没有当妈的样子",李媛觉得生孩子就是走上了绝路。

3个月后,产假结束,双方家长都认为宝宝还是由亲妈带最好,李媛只得当起了全职妈妈。现在,李媛偶尔参加朋友聚会,也不得不带上宝宝,她明显感到自己已不再受到朋友圈的欢迎。她对未来感到迷茫和惶恐,有时迁怒于孩子,对他态度冷淡,偶尔还会呵斥,事后又后悔,心情在这样的日子里越发压抑。

每个人都有不良情绪,不良情绪是一种"毒性"极强的精神垃圾,随时产生要随时把它排泄掉,不能让它久驻人心。排除这种精神垃圾的方法有很多,既有合理的,也有不合理的,合理不合理,主要看会对自己和他人带来什么样的影响。对自己,只要排除掉,就有积极的影响;对他人则不同,有些宣泄的方式可能会对他人带来不利的影响,比如迁怒于他人,尤其是对未成年的孩子,很有可能带来影响一生的心理伤害。

有太多的案例,家庭不合,父母总是把情绪迁怒于孩子,最后导致孩子离家出走或走上不归路。悲痛的结局是没有后悔药吃的。事实告诫我们孩子是无辜的。

人的情绪空间是有一定量的,负面情绪侵入,正面的情绪自然就会被等量剔除;删除了负面情绪,正面情绪又会得以很好的恢复,而且精神会更加饱满,以这样的心态面对你的孩子,孩子收获的就不再是伤害,而是快乐。给孩子一个和谐温馨的家庭,让孩子在健康快乐中成长吧!

7.教孩子理智面对负面情绪

孩子和成年人一样,在生活中难免会遇到挫折,产生负面情绪,他们也会郁郁寡欢、怒不可遏、无理取闹,这很正常。

如果妈妈希望孩子获取生活的快乐,就要从小教他学会应对负面情绪的影响。

寒假时,表弟石头从外地来过春节,住在方达家。方达和表弟在一起玩,有时很开心,有时也会起争执。

正月初六恰好是石头的生日,方达妈妈为石头预定了一个漂亮的蛋糕,送了一辆蓝色的小赛车模型作礼物,还把外公外婆舅舅都请到家里来为石头过生日。

一整天,妈妈都在为石头的生日派对忙碌,午睡前也没有像平时一样给方达讲故事,方达在床上翻来覆去很久才睡着。

晚餐开始前,亲戚们陆续到了,带来了很多漂亮的礼物,大家围在荧荧的烛光前,为石头唱生日歌,石头开心极了,整个晚上都大声地笑着。方达也收到了礼物,但和石头的相比少很多,而且他觉得不如石头的礼物好看,因此,方达整晚都很不开心。

晚餐后,大家在客厅里喝茶,妈妈收拾完餐具,看到客厅里只有石头在玩车。她叫了声"方达呢",没人回应,妈妈便往卧室里看了一眼,方达在里面。她进去又叫了声,还是没人回应,妈妈蹲下身去看方达的眼睛,方达一下哭了。

妈妈问:"怎么不在外面玩呢?我给你也买了一份拼图玩具。"方达哭的声音更大了,他说:"我才不要拼图,我要石头那个!妈妈,我再也不想石头来我们家过年了。"

石头在外面听到了,有点楞楞的,不知道发生了什么事。

"你看起来很伤心,是吗?"妈妈说。方达点了点头。妈妈继续说:"我来猜猜你为什么难过,是不是因为妈妈今天都在忙石头的生日派对,没时间关心你,外公外婆舅舅们来家里也更关心石头,石头拿走了大部分礼物,你却只得到了一点点礼物?"方达又点了点头。

"你也想得到那么多礼物,你觉得不公平,所以你很难过,又有点埋怨。"妈妈没有停下来,接着说,"如果别人得到了我想要的东西,那么我也会觉得难过。"

"孩子,我们可以用一个词来形容这种感受,你想知道这个词是什么吗?"妈妈将方达抱进怀里说,"这叫嫉妒。你想要石头的礼物和大家的关注,但你却得不到,所以你嫉妒他。"

方达疑惑地说道:"嫉妒?"

"对,没错!"妈妈答道,"这种感觉很不好受。"过了一会儿,她抱着方达的肩膀说:"妈妈永远最爱你!石头难得春节来玩,妈妈对他照顾自然要多一些,对你关心不够,妈妈向你说道歉。前几天,你们在一起不是也玩得挺开心的吗?"方达点了点头,情绪和缓了很多。

"还记得去年你过生日的时候吗?你收到了妈妈和外公外婆的什么礼物?"

方达的眼睛有些发亮,"是一辆漂亮的红色跑车——闪电麦坤,外公还送了我一个蓝色小叉车!"

妈妈问:"你现在还喜欢这些礼物吗?"方达高兴地回答:"喜欢啊!"

妈妈建议说:"那就拿出来和石头一起玩吧,看看哪辆赛车跑得快。"

"嗯,看看我的蓝色小叉车怎么在旁边随时待命准备换轮胎!"

负面情绪只是孩子的一种表达方式,妈妈们不需要把它想得多么严重。但妈妈们常常会说:"别这样,你怎么这么不懂事。"其实,这样说等于否认了孩子的不良情绪,非但不会使孩子的负面情绪消失,还会助长孩子的压抑和否认,对孩子产生伤害。

小凯已经参加游泳培训2个月了,可他居然没有下过一次游泳池,原因是他很怕水。无论教练怎么保证游泳没有危险,小凯就是不相信。每次训练回来,小凯都要对妈妈说自己害怕极了,担心掉进水里没人救他。刚开始,小凯妈妈还表示理解他的担心,并让他先坐在一旁看其他小朋友是怎么学习的。可是2个月后她发现,小凯的担心一点都没有减少,他总是坐在岸上看着别人,丝毫没有尝试的打算。最后,她打算找小凯好好谈谈:"妈妈知道在水里的感觉有点可怕,学游泳也不简单,但你看别的小朋友在水里也没事啊,教练叔叔会保护你的。而且,如果你大胆一点,挑战一下自己,说不定就学会了呢,那样妈妈会为你骄傲的。"

尊重和疏导孩子的情绪并不意味着一味地迁就、无原则地满足和忍让。在恰当的事情上和时机下,应该鼓励孩子积极地调整情绪,特别是当他一直沉浸在消极情绪中难以自拔时,更需要父母的激励。

作为家长,应该清晰认识到合理释放、转化负面情绪的重要性,只有把有利的方面充分发挥出来,才能把弊端尽力压下去。

如何释放负面情绪?根据孩子的年龄特点,可以有几种简单的发泄方式。比如哭泣,这是缓解不良情绪的好方法,不仅可以释放压力,也可以增强免疫力;再如大喊大叫、运动等,只要把孩子的身体调动起来,内心的苦闷也会随着肢体的一举一动逐渐被发泄出来。

8.有宽容心的孩子,人生之路更开阔

有人曾经对中小学生做过一次抽样问卷调查,其中有一个问题是这样的:"对于过去欺负过你或严重伤害过你的人,你会怎么办?"对于这个问题,只有29.9%的学生表示会原谅他,有近24%的学生表示很难原谅或绝不原谅,其余的学生则表示原谅但不会忘记。

从中我们可以看到,能够主动宽容别人的孩子实在太少,而事实上,孩子的宽容心是一种非常珍贵的感情,它主要表现为对别人过错的原谅。这种感情对于孩子个性的健康发展,尤其是情感的健康发展,以及对于孩子良好人际关系的建立有着非常重要的意义。

妈妈带着未满4岁的萌萌参加学校组织的亲子活动。当老师安排小朋友两个人一组完成搭积木的活动时,萌萌拒绝与身边穿着旧衣服的男孩合作,她甚至皱着眉头对妈妈说:"我不跟他一组,我不喜欢他穿的旧衣服。"

萌萌妈妈担心这些话被男孩听到后会影响他的自尊心,急忙把女儿拉出了教室,并在走廊里严厉训斥她:"你怎么可以说这样的话?"此时,萌萌只是茫然地看着妈妈不做声。

对于萌萌这个年龄段的孩子来说,表现得如此"无情"一点也不奇怪,因为他们已经能够注意到他人身上不同于自己的特性。研究发现,6个月以内的婴儿就能注意到种族和性别上的差异;孩子从3岁开始就会对人进行分类,并且能判断出哪一类人更好一些;到了5岁,他们会把一

些优良的品德与自己认为好的那类人挂钩;到了8岁时,孩子才会注意到社会对不同人的态度;等他们再长大一些,就会懂得如何面对社会的偏见,开始理智地思考问题。

由于孩子长大后面对的世界是多元化的,所以,在对孩子进行教育时,父母应尽力帮助他们改变偏见,塑造具有宽容性的性格,而最好的时间是在孩子的幼年时期。

富有宽容心的孩子往往心地善良,性情温和,惹人喜爱,受人拥护,而缺乏宽容心的人则性情怪诞,易走极端,不易与人亲近,因而人际关系往往不好。因此,教孩子学会宽容尤为重要,这不仅仅是为了让孩子今天能和伙伴们处理好关系,更是为了给孩子将来的人生奠定基础。

一位母亲带着女儿到度假村去玩,那天去游玩的孩子较多,工作人员一时疏忽,将她的孩子留在了网球场。等工作人员找到孩子时,孩子因为一人在空旷的网球场呆着受到了惊吓,哭得非常伤心,工作人员满脸歉意地安慰她。不久,孩子的妈妈来了。看见哭得惨兮兮的孩子,妈妈蹲下来安慰女儿,并很理性地告诉她:"已经没事了,那个姐姐因为找不到你非常紧张,并且十分难过,她不是故意的。现在,你应该亲亲那个姐姐的脸,安慰她一下。"听了妈妈的话,孩子停止了哭泣,亲吻了一下蹲在她身旁的工作人员,并柔声告诉她:"不要害怕,已经没事了。"

孩子的宽容之心最主要的来源就是父母。要培养善良、宽容的孩子,家长必须以身作则,为孩子做好表率,同时抓住教育契机善加引导,使孩子具有良好的心态和应对各种环境的能力,让他们拥有快乐的人生。

小薇是独生子女,父母离异后,她跟妈妈生活在一起。由于家庭关系长期不和睦,小薇性格孤僻,不善与人来往。妈妈也不时地告诫她,叫她不要轻易相信别人,凡事得靠自己,特别是男人,更加靠不住,最好不要和他们接触。因此,小薇一个朋友也没有,同学和她说话,她就猜疑是不是别有用心。特别是男同学和她打招呼,她就认为对方没安好心,想欺负她。她总是处处怀疑别人,敌视同学,每天都生活在猜疑、恐惧的阴影里,精神压力越来越大。有一天,小薇终于承受不了这种压力,精神失常了。

古希腊一位哲人说过:"学会宽容,世界会变得更为广阔;忘却计较,人生才能永远快乐。"看来,只有度量大的人,才能有稳定的、积极的、健康的情绪,而只有这样的情绪才能创造出一个真正快乐的人。

现在的孩子大多是独生子女,娇生惯养,很容易出现自我中心倾向,表现在人际关系上,就是过多地考虑自己的感受而忽略对方的感受,心胸狭窄。这会严重影响到孩子良好人际关系的建立,从而影响学习。只有使他们学会宽容,才有可能拥有融洽的人际关系。

金无足赤,人无完人,有缺点和不足是人性的必然。和同学相交,和朋友相处,完全没有必要求全责备,可以求同存异,只要同学和朋友的缺点不是品质方面的,不是反社会的,家长就应该鼓励和支持孩子与之正常交往。对于朋友的缺点和不足,对于同学心情不好时所说的话和所做的事,我们没有必要事事计较,事事都讲究公平合理。多原谅别人一次,多给别人一点宽容和理解,也是为自己多创造一份好心境,使自己在个性完善的道路上又向前迈进一步。

当然,宽容不是怕人,不是懦弱,不是盲从,不是人云亦云,这一点必须向孩子讲清楚。必须让孩子知道,宽容是明辨是非之后对同学、朋友的退让,而不是对坏人坏事的妥协。对坏人和得寸进尺的人是没有必要宽容的。

第二章

不溺爱:学会放手,宽严有度

1.适当宠爱孩子,但不能过度

"溺",词典上解释为"淹没"的意思。人被水淹没了叫"溺毙",如果父母的爱泛滥,对孩子也是一种伤害。

一个孩子不忍看到蝴蝶在蛹中痛苦挣扎,便剪开蛹壳。不想,这只蝴蝶身躯臃肿,双翅干瘪,根本飞不起来,不久便死去了。

蝴蝶必须在痛苦中挣扎,直至双翅强壮,方可破蛹高飞,人类不适当的爱反成了埋葬它的坟墓。蝴蝶如此,孩子又何尝不是如此?家长的溺爱恰似一把残酷的剪刀,会扼杀孩子,使他们无法腾飞。正如著名的诗人汪国真所言:"怕只怕,爱也是一种伤害。"

溺爱成伤,历史上不乏先例。仲永5岁能诗,聪颖超群,却在父母及众人的赞扬和宠爱之下,最终"泯然众人矣";赵武灵王对儿子放纵娇惯,最终被不孝之子活活饿死;晋武帝纵宠儿子奢侈享受,其子继位后治国无方,使西晋王朝走向灭亡。无论是仲永之"伤",还是赵武灵王的"悲"或西晋王朝的"衰",都是宠爱的恶果。"宠",是宝盖下面的一条龙,这龙是无法腾飞的龙!

相反,对孩子严格要求,不但不会对孩子造成伤害,还有利于孩子的成长。

王羲之年幼时,他的父亲便教他习字,要求甚严,结果王羲之终成百代书驿;曾国藩严整家规,教子有方,曾氏家族赫赫名扬;巴顿的父亲要求他每早苦读,造就了一位叱咤风云的人物……须知,这些家长并非不爱孩子,只是他们很清楚,宠溺不是正确的爱,纵宠只会带来伤害。

可悲的是,如今的某些父母并不明白这个道理。孩子矫揉造作,说这是天真可爱;孩子挥霍浪费,说他将来准挣大钱;孩子口出狂言,说他胸有大志;孩子要摘月亮,这些父母就可以去找梯子……殊不知,这样做只会使孩子独毒骄娇,自由放任,不懂长幼尊卑,缺乏集体观念。如此爱出来的"小皇帝",将来只怕是误己、误家、误国的"昏君"!

作为妈妈,宠溺孩子的心理当然可以理解,毕竟是自己的亲骨肉,人一涉及感情,什么道理都会被抛到九霄云外。但除了感性,人也有理性,为了孩子的将来,妈妈们有时必须"狠心"一点。可以适当地宠爱孩子,但不能过度,要把握其中的分寸,毫无原则的过度宠溺对孩子有百害而无一利。对此,妈妈们必须要有充分的认识,不要等到孩子长大不成器了才后悔莫及。

郑武公娶姜氏为妻,生了两个儿子,大儿子叫寤生,小儿子叫段。段长得一表人才,很受姜氏的疼爱,姜氏希望郑武公立段为太子,但未能如愿,姜氏对此一直耿耿于怀。郑武公去世后,寤生继承王位,号郑庄公。姜氏提出了很多无理的要求,郑庄公都一一满足了她。但姜氏还不知足,煽动段篡位,被庄公识破后,段自刎,姜氏被庄公赶到颖地。

姜氏对段不是关爱而是溺爱,最终,这份溺爱把段送上了黄泉路,天人永隔。明智的父母会悉心照顾自己的孩子,但绝不会娇宠溺爱他们。

在英国,不论是富人家庭还是普通家庭,都会有意识地给孩子"创造"一些艰苦的环境,让孩子遭受人为的艰难,磨练他们的意志。公学是英国的贵族学校,在这里读书的都是富家子弟,但这里的生活条件却极其艰苦。校方会故意将伙食弄得很差,缺少取暖设备,要求学生必须在恶劣的环境中穿短裤出现在操场上、课堂上,坚持冷水洗澡,不准盖过厚的被子,冬天也要开窗就寝。这样做是为了去除孩子的娇气,养成坚强的意志,提高其身体素质和精神素质。

如果父母不过分关爱孩子,孩子应该会更容易融入这个社会。现实是很残酷的,不是所有的事都能如自己所愿,所以,妈妈们坚决不能溺爱孩子,要从小就培养孩子坚强自立的品格。只有这样,孩子长大后才能像雄鹰一样飞得更高,像骏马一样奔驰得更远。

2."润物细无声",让孩子感觉不到你在教育他

一提到"教育"两字,许多人想到的画面都是大人面容严肃、一板一眼地讲着道理。其实,教育不必非拘泥于什么形式,不必非得是以"孩子,

针对某一问题我想和你谈谈"开头,只要你留心,生活中的许多小事都可以成为教育孩子的好材料。

母女俩一起去动物园玩。在看猴子时,女儿问了妈妈一个问题:"历史书上写人是由猿进化来的,那动物园的猿能变成人吗?"

"当然不能。"接下来,妈妈从进化论的角度解释了原因。正当女儿听得津津有味的时候,妈妈不失时机地插入了一则自编的小故事——

很早以前,地球上有两支不同的猴群。一支猿群随着环境的变迁不断进化,由于勤于使用四肢,善于动脑,逐渐学会了使用工具,进而学会用火,逐渐进化成人类。另一支猿群由于安于自然环境,一直保持着以大自然的野果为食的依赖性,安于现状,所以进化得很慢。就像这些被关进笼子的猴子,靠着人类每天供给的食物为生,生存能力基本已经退化,根本就没有了进化的可能,如果有一天再放回大自然,很可能就会被饿死。

妈妈讲这个故事就是要告诉女儿一个道理:依赖和懒惰只能被淘汰,只有勤奋、自强才能不断进步。自然界如此,人类社会更是如此。所以,必须努力进取,才能适应这个不断进步的社会。

妈妈通过讲一个富含哲理与智慧的故事对孩子进行了"润物细无声"的教育,让孩子真正地感受到并且接受了这一理念,不必说,其效果要胜过"婆婆嘴"成百上千次的唠叨。

一次聚餐时,小东上了餐桌不好好吃饭,一会儿上来一会儿下去,边玩边吃。妈妈没有任何责备他的意思,而是叫另一个小朋友跟他坐在一起,陪着他吃。这样一来,小东看着其他小朋友比着吃,一会儿就把碗里的饭菜吃光了。妈妈认为,与其惩罚他,不如改变一下就餐环境,把大家就餐的积极性都调动起来,形成一个比较热烈的就餐气氛,利用这种气氛感染孩子,将他的注意力转移到吃饭这件事情上来。

日常生活"润物细无声"的教育效果会更好,即:不拘于固定的模式,也不受时间、地点、条件的限制,把握一切有利的时机对孩子进行教育,使孩子的责任感在多种形式的教育下"潜滋暗长"。

相对来说,在孩子的成长过程中,他的年龄成长时间与父母对他的教育时间应该成反比,即孩子年龄越大,父母对他的亲为施教时间越少,并逐渐地撤出孩子的成长视野。这种撤出要慢慢进行,也应该是"细无声"的,一切皆如"春夜喜雨"。但值得注意的是:并不是随着孩子的长大父母就撤走了之,而是从正面教育转为"地下"关注和引导,特别是在孩子进入青春期以后,更需要父母从心理和生理上了解孩子的变化,给孩子更多人格和行为上的自由空间。要与孩子平等对话,分析现状,明确因果,阐明自己的观点,倾听孩子的打算,和孩子一起研究设计后一时期的学习、生活规划,在与孩子形成共识的情况下当好孩子践行的"督导员"。

在成长过程中,孩子的眼睛无时无刻不在观察着这个世界,特别是孩子身边的人和事,他们的一举一动都会影响到孩子的思维和观念,这个过程也在默默地沉淀着孩子的性格特征。因此,作为妈妈,应该努力克制自己的感情和行为,最好不要在孩子耳边给予琐碎的提醒和警告,要把发生在孩子自身及周围的现象综合地分析和总结后,在恰当的时机用简练的语言和方法传递给孩子,避免不必要的冲突和隔阂。因为不管处在哪个时期的孩子,他内心深处都渴望自己是一个被别人认可的好孩子。

3.给孩子打造一个积极向上的家庭氛围

教育孩子首先要创造一个好的环境。就像农民种庄稼,要想长出好庄稼,必须给他合适的土壤。

家庭是社会的细胞,家庭也是孩子最初生长的土壤。家庭这个环境的好坏,会直接关系到孩子人格道德和行为习惯的养成。在充满了爱意与笑声的家庭氛围中长大的孩子,他的心灵是舒展的,心境是乐观的,他必然会成长为一个懂得自爱且懂得爱人的人。相反,若家庭缺少爱的氛围,例如夫妻经常吵架,常为一点小事争执不休,对老人不孝敬,邻里关系紧张,等等,都会对孩子遗害无穷。所以,给孩子创造一个和谐美好的成长环境,远比带孩子去买高档玩具或者参加什么学习班重要得多。

氛围是由人创造的。家庭氛围是由父母与孩子共同创造的。宽松和谐的家庭氛围,培养的是身心健康、性格开朗的孩子;紧张压抑的家庭氛围,培养的是心胸狭窄、性格怪癖的孩子。

家庭氛围与孩子的成长密切相关。

被称为"血液学和免疫学之父"的诺贝尔医学奖获得者保尔·埃尔利希,他的医学兴趣是受父亲——一位德国著名医生的影响产生的。父亲做医学实验时,他站在一旁好奇地观察,丰富的医学藏书为他探求一个个未知数提供了答案,做小助手使他对医道欲罢不能。就这样,他被吸引上了医学科学研究之路。诺贝尔物理奖获得者贝克勒尔能揭开放射线奥秘,也与他出自一个祖父和父亲都是物理研究人员的物理世家有着密切的关系。

家庭主要成员的兴趣爱好对孩子的暗示固然重要,但也有一些孩子兴趣的形成得益于家庭中的其他因素。

上海有一朱姓女孩,父母都是初中文化的普通工人,但她在初中时就发表了多篇小说。她对文学的兴趣与她父亲经常为她借阅、购买文学作品,带她外出参观、访问、浏览等有关。

有位初中生,本来认为邮票无非就是一些五颜六色的花纸。后来,父亲有意识地带他到一位集邮爱好者家中,请友人展示自己珍藏的邮品,讲解邮票上的知识,谈集邮的乐趣。一次次串门,一次次大开眼界,让他与邮票从此结下了不解之缘。

类似的例子很多,医学世家、教育世家……诸如此类的书香门第,是一种文化传承。藏书、故事讲述、信息交流评价、观察、实践等文化氛围的间接暗示,常常把孩子的好奇心诱发上兴趣、志趣之路。

有人把人生比做长河,家庭则是在长河中航行的一只小船,小船之外的情况,家庭无法把握,但小船自身的情况则完全依靠自己。在小船上,父母两人如能齐心协力,即使在风浪中,小船也能保持平稳,让孩子感到安全;如果父母离心离德,船划得不平稳,那就有可能船翻人亡。家庭这只小船可能成为孩子健康成长的摇篮,也可能成为孩子的毁灭之舟。

曾经有过一项统计,对某校初中三个年级共370人进行无记名问卷调查,结果显示:家庭有麻将牌的占65%;父母经常打麻将的占55%;孩子会打麻将的占65%;孩子正在学打麻将的占10%。另外,有位班主任说:有一次去家访,向家长反映其孩子在学校赌博,要求家长配合教育孩子。可是出乎意料的是,家长不但不与老师合作,反而问老师:"我孩子在校赌博是赢钱还是输钱?"弄得老师哭笑不得。还有一次,这位老师乘星期天去一个学生家家访。可一进门,只见学生的父母、学生本人,还有一个不到10岁的小女孩共四人正在打麻将。因为这个小女孩个子太矮,她的椅子上面还放了一只小凳子。

如此家庭氛围,能培养出对社会有用的人才吗?

孩子的行为习惯就是在家庭氛围的影响下养成的。作家老舍的母亲一生爱清洁,老舍在母亲的影响下,养成了经常清扫屋舍、办事井然有序的好习惯。一些孩子出口成"脏"、懒散怠惰、堆物无序、办事拖拉、起居无律等坏习惯的形成,虽然原因多种,但糟糕的家庭氛围也是一个重要因由。

你知道吗?

在指责中长大的孩子,将来容易怨天尤人;

在恐惧中长大的孩子,将来容易畏首畏尾;

在敌意中长大的孩子,将来容易好斗逞能;

在怜悯中长大的孩子,将来容易自怨自艾;

在嘲讽中长大的孩子,将来容易消极退缩;

在鼓励中长大的孩子,将来会满怀信心;

在赞扬中长大的孩子,将来会爱人爱己;

在分享中长大的孩子,将来会慷慨大方;

在慈爱中长大的孩子,将来会充满爱心;

在知识中长大的孩子,将来会明白事理;

……

既然家庭氛围对孩子的成长有着如此重要的影响,那每一个妈妈就要特别注意,给孩子创造一个好的家庭氛围,起码要让自己的孩子成为一个有道德、有知识、有情有爱、会做人做事的"正常人"。

4.不包办,自己的事情自己做

人人都喜欢舒适的环境,喜欢尽情享受,更乐得有人帮忙做事。现在的孩子大多是独生子女,全家上下都围着他转,既然可以享受到这种毫不费力就拥有的"幸福",孩子当然愿意"坐享其成"。于是,妈妈对他照顾有加,使他在不知不觉中就变得"饭来张口";妈妈对他疼爱有加,不愿意让小小的他受累,因此什么事都要替他做好。当然还有一种情况,就是妈妈看不惯他做不好、做不对的样子,一时心急便替他做了。

面对这样的情况,孩子的内心自然就会产生这样的想法:"反正妈妈都替我安排好了,我就不用管了!"

每天早上,穿衣、洗脸、刷牙、吃饭、穿鞋、背书包、戴帽子,这样一个全套的"动作流程"全都是妈妈帮着楠楠完成的,他根本不用操心,也不用动手。直到楠楠上二年级,这套"动作"依然由妈妈代劳,他享受得心安理得。

可有一天,妈妈生病了,早上没起来,楠楠只得自己干。但他哪里做过这些?衣服袖子"找"不到、穿不好,鞋带也老系不上。可楠楠自己却不知道着急,他以为妈妈平常在半小时内能给他做完,他自己也行。结果,那天上学楠楠迟到了一整节课。回到家,他对着妈妈好一阵埋怨,妈妈也因此陷入了深思。

满怀爱心、不求回报地对待孩子,得来的却是埋怨与伤心,到底是妈妈做错了还是孩子做错了?

有个中国人在加拿大山区驾车旅游,一路上总看到一块牌子,上面写着"A fed bear is a dead bear",意思是"被喂饱的熊是死熊"。他不太明白到底是什么意思,伙伴告诉他:过去很多人在路边看到熊,都十分好奇,从车里扔食品给熊吃。熊尝到了甜头后,就老站在路边等人施舍食品,慢慢地失去了自己觅食的本领。到冬天没有人去喂它们食品时,有的熊就会被饿死。所以,加拿大政府在路边竖了很多提醒人们的牌子,告诉大家把熊喂饱了,实际上会把熊喂死,所以说"A fed bear is a dead bear"。

很多妈妈出于对子女的过分爱护和关心,也正在把孩子当作喂饱的熊对待。现代心理、教育、社会科学的研究表明:妈妈的"包办代替"恰恰忽视了孩子健康人格的教育和培养,也扼杀了孩子创造的灵性和自主发展的精神,由此培养出来的孩子依附性强,没有解决问题和迎接挑战的能力,在成年后甚至满了30岁后仍会出现一些儿童时期才有的毛病,比如娇生惯养、任性、缺乏独立生活能力、依赖性强,出现心理倒退现象,适应新环境能力差,等等。

有一个16岁的女孩,多才多艺,会唱歌会弹琴,舞也跳得很好,只是学习成绩不好。她的愿望是成为一名幼儿教师,但父母却坚决不同意,不断地跟女孩强调:"只有考上大学才有希望。"

父母托关系花重金把女儿送进了一所重点高中。高二的时候,女孩因为会考成绩有两门不及格,在家里自杀了。

真是触目惊心!女孩虽然可能考不上大学,但如果父母放手让她发展自己的兴趣,这个孩子可能会活得很快乐。

更让人痛心的是那些高分低能儿,在"全能妈妈"的包办代替下一点点变成了生活的"白痴"。

邓琳是哈佛大学的博士,但她从小娇生惯养,什么事都被父母安排得很周全。这样的她走向社会后不堪一击,轻易就被挫折打倒了。最终,因始终找不到"理想"的工作,邓琳患上了精神病。

"一切包办的孩子都没出息。"这是邓琳的妈妈在反思自己对邓琳的教育时喟然长叹的一句话。在邓琳的成长过程中,一切都由父母安排,导致她社会经验极其缺乏,加上从小就在周围的人群中出类拔萃,生活可谓一帆风顺,所以她的抗压能力很差,受不了一点挫败。

类似的现象在我们周围也不少见,比如儿女结婚、装修房子等都由妈妈代为操办,就连新房的床头灯都得妈妈选定;儿女有了孩子后,当奶奶或外婆的从喂养到教育完全说了算……妈妈从小替孩子包办一切,使社会上出现了一种怪人,人们称之为"30岁儿童",指的就是人都长到30岁了,性格却还像个小孩子一样,凡事不能独立自主。

妈妈以为事事替孩子想好是爱孩子,却没想到这等于是剥夺了孩子成长中适当遭受挫折和困难,学习、爱护和帮助他人的机会和权利。而且,漠视、忽视孩子的情感需求,对他们成长中的问题置之不理,会使孩子不得不寻找其他途径解决问题或得到情感满足,这时,孩子又往往会因为经验不足或受外界不良影响而出现问题。

大到升学考试,小到洗衣叠被,这些大事小情是锻炼孩子生存能力的有效途径。"自己的事情自己做",是幼儿园老师教导小朋友时常说的一句话,如今,希望妈妈们谨记此话,不再代替孩子完成生活方面的琐事。早晨不再做孩子的"闹铃",他们完成作业时不再"陪读鞭策",总之,生活中不当保姆,学习上不做监工,在考试评比、升学竞争时更不要人为地"上保险"。让孩子自己努力付出,在实践中丰满自己的人生,将来才能有所回报。

5.舍得放手,让孩子吃点苦

"放手"去爱,其实就是教给孩子"学会生存"的能力。"学会生存"是联合国教科文组织特别强调的教育的四大支柱之一。一个人的社会化过程,就是从自然人到社会人的转化过程。其中,培养个体的自立能力和判断能力是个体社会化过程的必备条件,也是"学会生存"的重要内涵。

职业高尔夫球手横峰樱的伯父横峰吉文在鹿儿岛开办了一所横峰式幼儿园。在横峰式幼儿园,一个怎么也跳不过跳箱的孩子成为了关注的焦点。

孩子下决心说:"无论挑战多少次,一定要跳过去!"说是这么说,但他怎么也跳不过去。就在孩子快要放弃的时候,妈妈和其他人都想伸手帮帮这孩子,但这家幼儿园的女园长却不答应。

之后,孩子发誓"一定要跳过去",坚持练习只为在成果展上能有出色表现。女园长相信这孩子的能力,所以才教导他"狠下心来磨砺意志"。当孩子在成果展上顺利跳过跳箱的时候,园长比谁都高兴,抱起孩子一个劲儿地表扬。

想让孩子具有自主性,减少不自信、逆反等行为,妈妈应该适当放手,让孩子自己去做事情。

每年高考后的新闻报道中总会有这样的照片:走出考场的孩子兴奋中将自己的书本抛向空中……为什么?从心理学的角度讲,当学习、考试成为一种被动,就会递进为一种痛苦,一旦痛苦终结,他们都乐得立马把与之相连的所有东西扔掉,让自己重获自由。

"要想知道梨子的味道,就要自己尝尝。"这话用在教育上非常适用。父母们怕孩子失败,怕孩子受苦,于是想尽办法把所有他们认为可能带来痛苦的事情告诉孩子。当家长们用焦虑甚至严厉的口气让孩子远离"雷区"时,孩子获得的只是结果和焦虑,不仅无法体验探索冒险的快乐和自由,更无从学到应对危险、坎坷的知识经验。

张先生在德国做访问学者期间,带着5岁的儿子在海滩上玩。他们旁边是一位德国妈妈,她正在躺椅上看书,而她的孩子却抓了一把沙子往嘴里塞。

张先生非常着急,他走上前去提醒德国妈妈:"你的孩子要吃沙子了。"那位母亲却茫然地回问道:"那又怎么样呢?等他尝过之后知道沙子不好吃,自然就不会再吃了。"

张先生愕然,如果这是在中国,大部分家长会阻止孩子。

家长告诉孩子沙子不能吃,抑或是孩子自己放到嘴里发现难以下咽,结论是一致的,但获得这个结论的方式却不一样。前者是父母判断之后提供的间接经验,后者是孩子亲身体验之后的直接经验。

有时候,成人眼里举手之劳的事,让孩子自己去体验,他们反而能从中体会到更多,对他们的影响也更深远。

孩子长大的过程是一个社会化的过程,这个过程显著的特点之一就是实践性。他们通过亲身体验能明白许多道理,父母应该尽可能多地为孩子提供体验的机会。

一对农村夫妇四十得子,因而对其宠爱有加,在蜜罐中长大的儿子做事毛毛糙糙,连走路都走不好,时常跌进水田里,很是让望子成龙的父母焦心。

儿子7岁那年上小学，顽皮的他走路喜欢东张西望，不是弄湿了鞋子，就是弄脏了裤子，哭鼻子成了家常便饭。母亲整日跟他后面洗，也无法让他穿得干净。

一天，孩子的父亲带着一把铁锹去儿子上学必经的田埂上，在上面断断续续地挖了十几道缺口，然后用棍棒搭成一座座小桥，只有小心走上去才能通过。那天放学，儿子走在田埂上，看面前一下子多了那么多小桥，很是诧异。是走过去，还是停下来哭泣呢？四顾无人，哭也没有观众，最终，他选择了走过去。背着书包的他晃晃悠悠地通过了小桥，惊出了一身冷汗，他第一次没有哭鼻子。

吃饭的时候，儿子对爸爸讲了今天走过一座座小桥的经历，脸上满是神气。做父亲的坐在一旁，夸他勇敢。此后，他上学的路上再也没惹过麻烦。

妻子对丈夫的举措有些不解，丈夫解释道："平坦的道上，他左顾右盼，当然走不好路；坎坷的路途，他的双眼必须紧盯着路，自然走得平稳。"

孩子的成长不能替代，有些父母太急于帮助他们，或者要求他们一出手就能做到完美。但这样做会剥夺孩子发现的机会，扼杀他们学习的兴趣，打击他们解决问题的主动性。

3岁的孩子擦完桌子之后去洗抹布，观察到"抹布比以前白了"，"水变成黑色了"。这两者之间的关系在成人看上去很明显，但孩子却通过亲身实践了解到了事物的变化。如果父母直接对孩子说"别抓抹布"、"水都黑了，不能洗手了"，那他就不能在实践中体会到这两者之间的联系。

小鸟从小就有飞的本能，孩子也有独立判断成长选择的能力。把自由还给孩子，你会发现他们比想象的更勇敢、更自信，也飞得更高、更远。

6.孩子跌倒了,鼓励他自己爬起来

跌倒了并不可怕,可怕的是跌倒了没有勇气爬起来,一味等待别人来扶,或是自暴自弃,一蹶不振。马克思说:"人要学会走路,也得学会摔跤,而且只有经过摔跤,他才能学会走路。"所以,每位家长都应告诉自己的孩子:"无论何时,跌倒了要自己爬起来。"

如果父母看到孩子遇到一丁点困难就介入其中,把孩子从困境中解救出来,充当孩子的保护神,孩子就会失去用自己的能力解决问题、克服困难的成长机会,也无从掌握解决问题、战胜困难的方法。

"天将降大任于斯人也,必先苦其心志,劳其筋骨,饿其体肤,空乏其身,行拂乱其所为,所以动心忍性,曾益其所不能。"让孩子从小受些苦,经历一些挫折,当孩子从挫折中爬起来后,才能更加坚定信心,继续上路。

宋嘉树(1864—1918),字耀如,原籍海南岛文昌县。他创办了华美印书馆,协办了中国基督教青年会,参加了孙中山领导的同盟会。

1887年,宋耀如与倪桂珍结婚,育有三女三子,他们便是名闻中外的宋霭龄、宋庆龄、宋美龄三姐妹和宋子文、宋子良、宋子安三兄弟。宋家的孩子在蹒跚学步时,宋耀如就鼓励他们:"一步,两步,三步,好,跌倒了别哭,自己爬起来再走,一二一,一二一……"孩子们果然不哭,跌倒了就爬起来继续走。朋友们以为他与孩子们开玩笑,宋耀如却说:"这不是开玩笑,这是人生之路的第一步,将来在社会上闯荡,全靠这第一步呀!"

有一天风雨交加,宋耀如带着霭龄、庆龄、子文等人去了龙华。他没有让孩子们参观龙华古刹，却让他们丢掉手中的雨伞，站在古塔下淋雨。宋耀如指着高高耸立的龙华塔对孩子们说："你们看这座塔，千余年来不怕风雨，为什么？因为它基础牢固，骨架紧密。你们将来投身革命，就要从小打基础，练骨架。现在，让我们一起开始比赛，围绕宝塔跑六圈，六六大顺！"说完，宋耀如带头跑了起来，孩子们紧紧跟在父亲身后，哪个孩子不小心在泥泞中跌倒，都会迅速地爬起来再跑，无一肯落后。

宋耀如夫妇同所有父母一样爱孩子，但他们觉得要为孩子的将来着想，因此，他们不想把孩子们当做珍珠玛瑙那样地去爱。玉器是细琢出来的，才干是苦练出来的。他们主张培养孩子的自立自强精神。后来，宋氏家族的兄弟姐妹对中国的近代史果然有着深远的影响。

"不经历风雨，怎能见彩虹？"家长与其为孩子遮风挡雨，让他们成为脆弱无比的温室花朵，还不如让他们从小接受暴风雨的洗礼，让他们跌倒后学会自己爬起来。

科学家做过一个跳蚤实验：把一只跳蚤放进一个玻璃杯里，跳蚤轻易地就能跳出来。再重复几遍，结果都一样。原来，跳蚤跳的高度一般可达它身体长度的40倍左右。接下来，实验者在杯上加了一个玻璃盖，跳蚤跳起后重重地撞在了玻璃盖上。跳蚤十分困惑，但它没有停下来，因为跳蚤的生活方式就是"跳"。经历一次次被撞后，跳蚤变聪明了，它开始根据盖子的高度调整自己跳的高度。再过一阵子后，这只跳蚤再也没有撞击到这个盖子，而是在盖子下面自由地跳动。

一天后，实验者拿掉了玻璃盖，跳蚤却仍然在原来的高度跳着。三天以后，这只跳蚤还在那里跳。一周以后，跳蚤还是老样子，总也跳不出玻璃杯。是跳蚤不能跳出这个杯子吗？绝对不是，只是它的心里已经默认了一件事：这个杯子的高度是自己无法逾越的。

如果孩子跌倒了,妈妈就马上过去帮忙,那样会让孩子没有机会树立重新站立起来的希望,时间长了,他们也会和跳蚤一样逐渐对自己丧失信心,独自缩在角落里自怨自艾。人生的旅程中绝对不会永远是平坦大道,坎坷、荆棘、困难随时会出现。要生存,要发展,就要同困难交锋,与挫折抗争。一个从小娇生惯养的孩子,在困难面前容易跌倒,也不会自己爬起来。敢于交锋和抗争者,即便跌倒,也会爬起来,最终成为自己命运的主人。

7.拒绝孩子的不合理要求

"当孩子哭着要东西时,父母应该怎么办,是给还是不给?"经常有父母这样疑惑。

这里有一段法国著名教育家卢梭的话:"当一个孩子哭着要东西时,不论他是想更快地得到那个东西,还是为了使别人不敢不给,都应当干脆地加以拒绝。""如果你一看见他流泪就给他东西,就等于鼓励他哭泣,是在教他怀疑你的好意,并且使他以为对你的硬讨比温和地索取更有效果。"

卢勤说过:"孩子的欲望是无止境的,总有一天,你会拒绝他。而此时的拒绝会比当时的拒绝给孩子的打击要大得多。当孩子放纵的欲望最终被拒绝时,轻者会造成孩子焦虑恐惧、烦躁不安和悲忿绝望的心理,他会觉得世界上谁都跟他过不去,严重的情况下,还会引起孩子的轻生自杀行为。"

"如果您想培养一个'无赖',那就尽情地去'放纵'他、'迁就'他;如果您想培养一个很'棒'的孩子,那么面对孩子起初的不合理要求,您就要坚持用爱的原则和理由拒绝他。"

这方面,福建师范大学外国语学院的院长助理王晶女士有很成功的经验。

王晶女士曾被评为"全国优秀家长",她的女儿黄思路在上小学的时候曾被评为"全国十佳少先队员"。上中学的时候,黄思路出过两本书,后来她就读于北京大学,每年的寒暑假还要去美国学习钢琴。黄思路是一个"棒"孩子,不仅是因为她学习优秀,更因为她是一个通情达理、心态良好、善于与人交往的"懂事"的孩子。

许多人问王晶:"你女儿并不是神童,可为什么她不论学什么都那么快、那么好呢?你们用了什么特殊方法培养她吗?"

王晶说:"我们一直非常重视女儿素质的培养。我们觉得,一个高情商的孩子比高智商的孩子更容易成功。在孩子成长的过程中,他们首先关心的是孩子是不是在健康地成长,能不能适应各种环境,会不会与人相处,有没有一个乐观的心态。黄思路是独生子女,我们就总有一种危机感,担心娇惯孩子,怕她变得脆弱、低能,担心孩子习惯了走平坦大道,将来无法在崎岖的道路上行走。因此,在黄思路很小的时候,我们就把每一个困难都看作一个锻炼孩子的机会。不仅如此,我们还设法为孩子'制造'困难,让孩子学会变不利为有利,克服挫折,渡过难关。"

培养女儿黄思路,王晶有三件"宝贝"。

第一件"宝贝":娇生不能惯养。

王晶说:"我们的家庭条件不错,这可以算是'娇生'。但娇生不能惯养。如果把黄思路培养成小公主,说一不二、随心所欲,这样长大以后,她

第二章 不溺爱：学会放手，宽严有度

怎么能受得了委屈？再顺利的环境也难令她满意。所以，从黄思路一出生，她遇到困难，我们从不替她'扛'，而是利用这样的困难达到我们锻炼她的目的。"

有原则的爱是理智的爱，而要坚持这种爱的原则，做妈妈的有时就得狠下心来。王晶在这方面就经历了一个痛苦的过程。

黄思路上幼儿园的第一天，像大多数孩子一样，哭着要找妈妈、要回家。因为黄思路比班里其他的孩子小，老师被她哭得心软，就把她送回了家。王晶送走老师后，对女儿说："小朋友们都在幼儿园，还没到放学的时间，谁也不能回家。现在，你只能自己去上幼儿园了。"

女儿被挡在门外，呜呜地哭，可妈妈硬是没让她进门。

女儿知道妈妈的脾气：原则问题没得商量。最终，她妥协了，央求妈妈说："妈妈送路路去幼儿园吧。"

王晶此刻真想一把抱起女儿，把女儿送回幼儿园。可她心里明白，如果今天自己送女儿回幼儿园，等于奖励了她撒娇耍赖的行为。这样一来，明天、后天……女儿还会再哭，老师还会送她回家。于是，王晶狠下心对女儿说："好孩子，你自己回去，下午妈妈第一个去接你。"

女儿万般无奈地走了，她是面对着家门，一步一步倒退着离开的，一边退一边流泪说："妈妈再见！"眼看着女儿走远，王晶关起门来大哭了一场。一个母亲下狠心让孩子从小接受磨炼，的确需要坚强的意志！

令王晶欣慰的是，从那天起，女儿上幼儿园再也没哭过。虽然女儿只有3岁，但母亲的举动却向她传递了一个信息：有的时候，一个人的愿望是会受到拒绝的，并不是所有事都能随心所欲。

妈妈的"不迁就"，带给女儿的是持久的耐力和乐观的心态。从小经历挫折的黄思路学会了接受现实，懂得调整自己的行为来适应社会的规范。她善解人意，凡事先为别人着想，发生利益冲突时，总是自觉地调整自己去适应别人，从不强求别人来迁就自己。最重要的是，她从中获得了

很大的快乐,为自己能够解决一个又一个难题感到自豪。

王晶说:"我所以不迁就孩子,是因为我心里想的不是孩子现在可怜不可怜,我想到的是将来。她将来大部分时间是不在我身边过的,如果我现在为她准备一个'温室',她会变得骄弱不堪,等她独立生活的时候,只会更可怜。"

第二件"宝贝":"自作必须自受"。

俗话说,"吃一堑,长一智",世界上"吃堑"的多了,有的长智了,有的却没长,这是为什么呢?是因为没有让当事者为自己的错误承担责任。

孩子犯错在所难免,有些父母常常在事前提醒,事后责骂,千方百计去补救,结果是大人操碎了心,磨破了嘴皮,孩子却一点感觉也没有,甚至还嫌大人烦。等到下次,该错的还是错,该忘的还是忘。

王晶的做法与其他父母大不相同,当女儿做错事的时候,王晶会让她"自作自受",自己承担错误的后果。先去"吃一堑",然后"长一智"。

王晶讲了三个让女儿"吃堑长智"的故事。

第一次,学校排练节目,8岁的女儿走得匆忙,忘了带伴奏磁带。王晶发现了,却没做声。她想,女儿常忘东西,提醒她一次,她的依赖心理就会增加一分,不如让她受点挫折,让事实来教育女儿。黄思路快到校门口才想起来打电话给妈妈,请妈妈赶快把磁带给她送去。

当时,王晶正好放暑假在家,完全有时间给女儿送去。但她没这样做,只对女儿说:"你自己犯的错误,不应该惩罚妈妈。你自己想办法解决吧!"

黄思路没有办法,只好向老师说明情况,把节目顺序调一下,然后骑车顶着烈日回家取伴奏带。王晶说:"她多跑了这一次,以后就少跑了无数次,因为她记住了这个教训。"

曾经有人问黄思路:"回过头来看,你觉得妈妈的做法对吗?"

黄思路笑着回答:"我觉得对。'自作自受'使我知道无论我做什么事情,后果都要自己承担。所以,我做事很负责。"

第二次受罚发生在黄思路小学临毕业前。她负责的一笔为特困生捐款的现金少了200多元。老师说:"算了,反正捐款的目的已经达到了,这个同学也把小学读完了。"

王晶坚决反对,她要求女儿把账目的漏项补齐,补不上的由她自己赔偿。黄思路把漏记的账补上后,还有120多元因事隔数年实在记不起来,只好用自己的钱垫上。

王晶说:"这种做法类似罚款。如果孩子长大以后在工作中出现这样的差错,也是必须要承担起责任的。我这样做,只是提前让她通过惩罚接受教训,以免这种做法成为习惯。这样罚她一次,就能避免将来更大的损失。在我看来,付出这笔'罚款'还是很划得来的。"

从那以后,王晶要求黄思路每天对自己的花销记账。上中学后,黄思路各种稿费收入和开支数目越来越大,只要迟一天记账,王晶就会罚她10元钱。因此,黄思路不管每天多忙多累,都不敢对记账懈怠,否则妈妈给的100元生活费,收到后10天不记账,就罚光了。

第三次,是黄思路赖床受罚。

有一段时间,黄思路每天晚上睡得晚,早晨又想提前半个小时起来早读。可她听见闹钟响后没有马上起来,结果又沉沉睡去,如果不叫她,上学就会迟到。每天如此,闹钟形同虚设。王晶让女儿把闹钟设定推迟半小时,按正常时间起床,这样能睡得充足一些。开始女儿不愿意,每天晚上总说保证第二天能早起,可第二天还是迷迷糊糊醒不来。妈妈没收了闹钟,说:"既然闹钟不起作用,那就别用了,我可不当你的'闹钟'!"

没有了依赖心理,思路睡到清晨便很警觉,听到一点点动静就醒过来了,然后马上翻身起床,生怕一觉睡过头。几天之后,王晶把闹钟还给女儿,思路便能准时起床了。

王晶的"惩罚",对女儿不是打骂,而是"罚跑腿儿"、"罚款"、"罚起早",让孩子自己承担责任,体验由于自己的错误带来的后果。这很好地培养了孩子的责任意识,让孩子懂得了要对自己的行为负责。现在,女儿不管走得多远,王晶都非常放心。

黄思路16岁时,去美国学习钢琴,独自一人在美国住了3个月。

她一下飞机就遇到了很多问题,但她靠自己的力量把一切问题都"解决"了。她说:"我由不适应到适应的过程比较短,这也算妈妈'自作自受'教育的一个成果吧。"

光说不练,不会成功;父母一切替孩子代劳,孩子不会长大。成功人士能够出类拔萃,是因为他们深知"实践出真知"的魔力。

"我能行"的孩子,不是在说教中长大的,而是在行动中成长的。有些父母,嘴上说让孩子锻炼,但事事都替孩子做。如此,孩子渐渐就会产生依赖性,不愿意面对困难和挫折,自身的潜力自然得不到发挥。

第三件"宝贝":"独立必须自主"。

只要是女儿能做的事情,王晶从不插手。

黄思路3岁开始学钢琴,上第一堂课时,妈妈就让她单独去老师家。思路个头小,直接坐在琴凳上够不着键盘,妈妈就为她准备了一个大枕头。妈妈把枕头绑在思路背上,像送大学生一样,站在大门口,目送女儿走出家门,到对面楼上的老师家上课。思路练琴的时候,王晶和丈夫很少在一旁盯着,他们只是要求女儿在练琴时要认真,练好了就可以去玩。

从小到大,王晶从来不代替思路做她力所能及的事情。思路2岁就学会了用筷子,3岁时会自己洗澡,4岁时会自己洗头发。

在妈妈的耐心培育下,黄思路从小就养成了有条理的良好习惯。上小学的第一天,她把每一本书包好,将其一一放进书包。长大一些后,思路学会了自己补衣服、缝扣子、修自行车,上小学五年级的一天,她在学校生病了,放学后独自跑到医院看病。当外公得知消息赶到医院时,她已经把药都取好了。

第二章 不溺爱:学会放手,宽严有度

黄思路说:"我妈从不会因为年龄小而迁就我。妈妈好像一直都很平等地把我当成大人,这让我很小的时候就不大考虑年龄的问题了。"

在王晶的家里,永远听不到"孩子还小"这句话。遇到难事,妈妈总是退一步,摆出一副不闻不问的样子,说:"娘勤女儿懒。山不转水转,机会来了,就开发你的潜能吧!"

在这样的"逼迫"下,女儿带给了妈妈一个又一个惊喜:鞋匠不肯修的鞋扣,她想办法修好;淋浴龙头坏了,妈妈全身淋湿了都没有修好,思路往里面夹块海绵就解决了问题;上大学后,宿舍电话不通,她也动手去修。

16岁时,思路一个人出国学习。在一个完全陌生的环境里,她克服了很多困难,顺利完成了学习任务,还利用课余时间打工,自力更生挣路费。回国后,她把出国求学的经历写成了一本书,既是对自己的总结,也是对妈妈的感谢。

在生活环境越来越优裕的今天,如何让孩子具有"身在苦中不知苦,面对困难不觉难"的素质,对孩子的一生具有重要的意义。父母要为孩子的长远着想,让孩子在幼年的时候学会承受挫折,接受惩罚,经历磨难。孩子长大之后,一定会感激父母赠予的这份人生财富。

教育家叶圣陶先生说:"教育就是习惯的养成。""播种行为,收获习惯;播种习惯,收获性格;播种性格,收获命运。"孩子未来的命运如何,就看他今天是否养成了好的习惯。

8.宽严有度,"虎妈"不等于好妈妈

一堆家规,将女儿送进了哈佛;一根藤条,将3个孩子送进了北大。"虎妈"、"狼爸"的严厉教子方式让人记忆犹新。而眼下,又出现了一位日本妈妈,用相对宽松的教育方式将自己的3个孩子全部送进了哈佛大学。

一面是"虎妈"、"狼爸"近乎专制的严厉教育方式带来的成功;另一面是"哈佛妈妈"相对宽松教育下走进世界最高学府的荣耀,到底是严厉的教育方式更加有利于孩子的成长,还是宽松式的教育更加科学?什么样的教育方式才算是成功的家庭教育?

期中考试之后,一名学生失踪,忙坏了家长和老师,问遍亲戚朋友,都不知其下落。学校派人找了全城,结果在一桥洞下发现了这个孩子。孩子蜷缩在那里流着眼泪,甚是可怜,问其原因,才知道因为这次考试得了92分,他的爸爸说拿不到100分就打断他的腿。然而,父亲的回答很轻松:"我只是吓唬吓唬他!"

狼爸虎妈式教育用"打"的体罚方式,让孩子懂得服从,本质上是用暴力强迫孩子服从自己的意志。用这样的方式培养的孩子,只会成为唯唯诺诺、没有独立思想的人。其培养出来的很可能是"羊子"、"羊女",本质是一种"奴性教育",孩子的性格会受到扭曲。

关爱孩子的方式有很多,培养孩子成才的方式也有很多。每一个做妈妈的人,内心肯定都希望自己的孩子能够出人头地。但为了孩子早日

成才,就用"狼爸虎妈"的教育方式,实在要不得。

有一次,孔子带领他的弟子们到鲁国参观学习,看到了一种专门对人示警的特殊器皿——欹器。孔子认为这是教育学生的一个良机,便让学生分别向里面注水。

结果发现,当欹器没注水时是倾斜的,注满水后又会翻过来,盛不住一点水,只有注水到一半时,它才能垂直竖立。据此,孔子总结出了适度的道理:不管做什么事情,都能够坚持适度原则的人,才是真正聪明,能够避免挫折和失败的人。

但是,很多人却不懂这个道理。家庭教育中,经常会看到这样两类妈妈:一类是放纵型,这类妈妈对孩子非常疼爱,常常是孩子想怎么样就怎么样,想要什么就给什么;另一类是苛刻型,她们对孩子要求十分严厉,不许孩子做这做那。事实上,家庭教育也应该坚持适度原则。

儿童教育专家指出,权威、民主的教育才是最科学的教育方式。一方面,妈妈要以身作则严格要求自己,树立权威和威信;另一方面,要对孩子予以理解和尊重,给他自由。对孩子严格要求跟自由并不矛盾,权威不是专制,民主也不是溺爱。比如不能撒谎,不能欺负别人,不许过度玩网络游戏,这些方面要严格。在这样的前提下,孩子依然可以享受自由,可以和同伴玩,选择自己喜欢的兴趣发展。这就是宽严有度。

那么,具体应该如何执行宽严有度的教子法则呢?

一个通行的理念是,孩子10岁之前要完成道德智能的教育,核心便是明辨是非。

对1岁以前的孩子,妈妈要无条件地爱,这样他才会有安全感和幸福感;

对2到4岁的孩子,妈妈要敢于说不,让其明辨是非;

对5到10岁的孩子,妈妈便要进一步培养起良好的道德习惯,这段时间是一生的基础、最重要的阶段,也是立规矩的黄金时段;

孩子长到10岁以后,妈妈就要开始尊重孩子,与孩子平等对话,听取他的意见和想法,用道理说服他而非强制他。

根据国内外家庭教育研究的发现,孩子成才率最高的家庭是权威民主型的家庭,而不是专制家庭。

第三章

不虚荣:孩子永远比面子重要

1.过于功利会毁掉孩子

小超的妈妈常对儿子说:"这个社会竞争激烈,你只有不停地学习各种知识,永远比别人多一项技能,你的竞争力才会比别人强,你才能脱颖而出。""不是妈妈逼你,你现在多吃一些苦,将来考上名校,找个好工作,才能过得比较轻松。"小超体谅父母的苦心,所以学习很用功。

我们常说做事要有计划,有的放矢才能取得良好效果,实现目标。关于孩子的培养也是一样,很多父母都会考虑孩子将来做什么,成为什么样的人,定下培养目标,并有意识地依据这个目标培养孩子。实际上,父母希望孩子具有各种能力,多半是为了提高孩子的竞争力,也就是说,教育明显附上了功利性质。

以艺术学习为例,许多父母让孩子从小学习乐器、练习书法。对孩子进行艺术教育,本来可以让孩子受到文化熏陶,培养艺术特长,修身养性,保持心灵健康,艺术教育的基本功练习对于孩子来说也是一种磨难教育,有助于培养孩子做事的恒心与毅力。但现在,艺术教育功利化已经成为一种普遍的社会现象,各种组织机构举办的青少年艺术大赛数不胜数,很多比赛只是一种商业行为,目的是为了圈钱。而孩子们宁愿参加带有商业性质的艺术比赛,也不愿意参加一些艺术水平很高的研讨会,原因就是这些研讨会不是比赛,没有奖拿,而竞赛获奖对于孩子将来的升学有帮助。另外,对于妈妈或孩子来说,能够获得艺术竞赛的奖项也是一种值得炫耀的资本。对此,著名的钢琴演奏家托萨曾告诫人们:"如果有一个满怀功利心的妈妈站在身后,即使孩子是天赋神童,也难成大师。因为妈妈把音乐艺术作为追求成功的手段,功利心会污染孩子纯洁的心灵,中断孩子对艺术的攀登。"

有人做过一项调查,调查的内容很简单,只有一句话:"你喜欢学习吗?"调查的结果不尽如人意,但也并未出乎调查者的意料——70%以上的学生答"不喜欢",仅有不到30%的学生答"还可以"。

为什么会有这样的结果?难道是他们天生就不喜欢学习吗?如果真是这样,那为什么几个月大的孩子会睁大眼睛,到处看这个新奇、陌生的世界?为什么孩子刚会走,就兴奋地到处乱跑,这儿摸摸那儿碰碰,甚至时不时地把抓到手的东西放在嘴里尝尝,以此来认识、品味这个好玩的世界?又为什么那些才两三岁的孩子会把拿到的新玩具拆开,看看里面隐藏着什么样的秘密,以此来探求这个神秘的世界?种种事实告诉我们:人,天生是喜欢学习的,天生对未知的世界有着强烈的探知欲,这是一种不可否认的人类天性。

那么,到底是什么原因让那么多学生由好学变得厌学了呢?下面的故事，主要内容虽与学习无关，却也很好地解释了人会发生这种转变的原因。

有位老人最近很受困扰，因为邻居家几个调皮的孩子每天聚集在他家附近，向他的房子扔石头。老人想了很多办法来阻止他们，软语相劝，打电话给孩子的父母，甚至威胁叫来警察。这些做法非但没有起到作用，还让孩子们更变本加厉起来，扔得更欢了。

经过一番思考后，老人想出了一个办法。他将孩子召集到一起，对他们说："我现在慢慢地喜欢上你们扔石头的游戏了，为此，我愿意向你们付钱，每人每天1元钱，作为你们向我家房子扔石头的回报。"尽管老人的话让孩子们感到惊奇，但他们还是非常高兴地接受了老人的提议。于是，孩子们每天在约定的时间里向老人的房子扔石头，老人也每天如约付给他们每人1元钱。

这样过了几天后，老人又把孩子们召集起来对他们说："很抱歉，最近我挣得钱少了，无法每天付给你们每人1元钱了，你们看每人每天付给你们5角钱怎么样？"孩子们听后，虽然很不高兴，但还是接受了。

又过了几天，老人再次抱歉地对孩子们说："最近我挣得钱更少了，连每天付给你们5毛钱也不够了，只能每人每天1毛钱了……"

听着老人的话，孩子们迅速地交换了一下眼神，其中一个等不及老人说完就回道："别想得美了，谁愿意只为了一毛钱干这样的苦差事？"说完，孩子们就走了，之后再也没向老人的房子扔过石头。

当与功利性相连时，连孩子们喜欢的恶作剧也失去了其原有的味道，变为避之不及的苦差事。从"好学"到"厌学"，其中的原因又何尝不是如此呢？所以，对待孩子学习的问题，我们必须少一些功利性，不要让奖状、好吃的、比别人强、将来的好生活等功利性因素影响孩子学习的兴趣。如果孩子体验不到获取知识本身的快乐，对知识本身不感兴趣，就会将它看成是苦差事。我们应该做的是激发孩子的兴趣，燃起孩子渴求知识的欲望，让他们体验到获取知识本身的快乐，享受到学习的乐趣，并最终实现自觉的学习。

事实上，学习不就是件有趣的事吗？人的一生离不开学习，我们生命中的所有知识都是通过各种各样的学习——书本上的学习、实际操作中的学习等得来的。如果我们人为地为学习增添一些障碍或困难，让人体味不到学习的乐趣，学习就会变成一种让人避之不及的痛苦事；相反，如果我们能想方设法为孩子们去除这些障碍与痛苦，那么，孩子们在享受学习乐趣的同时，也能享受到快乐学习所带来的成果。

19世纪末，有一位喜欢小提琴的少年，他最大的梦想就是能成为帕格尼尼那样伟大的小提琴演奏家，所以一有空闲他就练琴，练得心醉神痴。但遗憾的是，少年实在没有什么音乐天赋，尽管练习勤奋，却没什么进步。

父母不希望孩子的爱好受到打击而中断，于是带着少年去请教了一位老琴师，希望他能开导或指点一下孩子。老琴师说："孩子，你先拉一支曲子给我听听。"少年拉了帕格尼尼24首练习曲中的第三首，简直破绽百出，不忍卒听。一曲终了，老琴师问少年："你为什么特别喜欢拉小提琴？"少年说："因为我想成为帕格尼尼那样伟大的小提琴演奏家。"老琴师又问道："你快乐吗？"少年回答："我非常快乐。"老琴师最后对少年说："孩子，你能享受到拉小提琴的快乐，这就足够了，又何必非要成为帕格尼尼那样伟大的小提琴演奏家呢？"

老琴师的话让少年心头那团狂热之火冷静了下来。后来，虽然他仍经常拉小提琴，但已不再受困于成为帕格尼尼的梦想。这个少年是谁呢？他就是20世纪最伟大的科学家——阿尔伯特·爱因斯坦。虽然他未能成为专业的小提琴演奏家,但他的一生中从未间断过小提琴的演奏,小提琴可说是他一生最好的伴侣之一,而且他的小提琴演奏能力得到了朋友圈内的一致认可。爱因斯坦是幸运的,因为对他喜欢的东西,父母并没有因为他是否擅长,又是否是一个有前途的行业而否定或肯定,而只是因为他喜欢而给予了最大的帮助。

有人说:"竞技场上,从双杠上摔下来的总是那个一心想当冠军的选手。"学习是对未知事物、未知世界的探索,这种探索的过程是充满快乐的。只有在这种快乐的探索过程中,孩子的头脑和思维才会得到发展,得到最大限度的开发。在此,请父母们在对待孩子学习的问题上少一些功利性,以免误将你的孩子推上远离甚至厌恶学习的道路上。

2.只跟自己比才是正确的提升办法

没有不爱学习的孩子,只有不会教育的妈妈。

中国有个习惯,就是什么事都爱拿别人的孩子跟自己的孩子作比较,比较孩子的个子高低、做事快慢、才艺水平、成绩好坏……随着孩子的年龄增长,妈妈对孩子的期望也随之增长,可怜天下父母心,妈妈生怕自己的孩子落在别人孩子的后面。当孩子的成长状况与父母的心愿产生差距的时候,许多妈妈一批评孩子就会情绪失控。于是,小时候对孩子未来的憧憬在这里化成了泡影,对孩子牙牙学语、蹒跚学步时的耐心荡然无存:"小明跟你同一天上学,你看人家怎么每次都是考100分,你怎么一次90都上不了？""小慧天生就聪明，你要是有她的一半，我就谢天谢地了。""我同事的孩子和你同岁，都认识300个字了，你怎么这么笨，斗大的字不认识一筐，每天就知道玩……"

畅畅4岁多了，活泼可爱，喜欢画画，妈妈便给她报了绘画班，跟同事的女儿欢欢一起上课。

每天去接畅畅下课时，妈妈总爱把她的画和欢欢的进行比较："畅畅，你画的云彩怎么不像啊？你看欢欢画的花朵多好看。""畅畅，你画的树叶比欢欢的少了几个线条，下次要记得添些曲线上去才更漂亮。"

……

没过几天，畅畅就不肯去绘画班了，而且也不喜欢拿画笔画画了。

妈妈很困惑：这个孩子学东西怎么这么没耐性呢？

殊不知，这些随口而来的比较已在无形中深深刺伤了孩子的心，长久生活在这样环境下的孩子，其自信心和自尊心会受到严重的打击和伤害，从而形成自闭、孤僻等性格倾向，导致攀比、妒忌的心态产生。

一次，一位专家同时对几十个中国和外国的孩子进行了一项测验，然后让孩子分别拿测验后的分数回家给父母看。结果，看了孩子的分数后，中国的父母有80%表示不满意，而外国的父母则有80%表示满意。实际成绩又是怎样的呢？实际上，外国孩子的成绩还不如中国孩子。这件事情说明中国的父母习惯用挑剔的眼光来看待孩子，看待别人和世界；而外国父母则习惯用欣赏的眼光看待自己、孩子和世界。

所以，在此建议父母们用欣赏的眼光看待孩子，并教会孩子去发现别人的长处，真诚地赞赏他人。

每个孩子的性格和特点都是不同的,许多父母喜欢把自己的孩子跟别的孩子进行比较,而且总拿自家孩子的短处跟别的孩子的长处相比,这样做等于忽视了孩子之间的差异。

印度思想大师奥修说:"玫瑰就是玫瑰,莲花就是莲花,只要去看,不要比较。"妈妈们必须明白一个事实:孩子天生就有差异。我们首先要承认这个差异,然后在孩子原有的基础上帮助孩子进步。我们可以拿孩子的今天和昨天比,拿孩子的成功和失败比,就是不能拿自己孩子的短处和别人孩子的长处比。

不妨换位思考一下,如果孩子拿自己妈妈的短处跟别的妈妈比较,妈妈们会做何感想?

聪明的妈妈不会把自己放在一个高高在上的位置上,不会总以一副指责埋怨的态度对待孩子的失败,她们会在孩子的失败中发现其可贵的优点并给予正能量的鼓励,与孩子一起面对成长中面对的困难和挫折。如孩子折纸折得非常慢,别的小朋友10分钟就折好了,自己的孩子花了半个小时都没有折好,如果妈妈在这个时候当着那么多小伙伴的面指责孩子笨,孩子就很可能从此对折纸产生排斥,甚至对和小伙伴们一起活动产生恐惧,久而久之,妈妈的"激励"式教育不仅无法让孩子产生向上的动力,反而会把他打入低谷。反之,同样的情况,妈妈如果看到孩子坚持不懈的精神和努力态度,并对其给予夸奖,孩子内心知道自己的努力受到了肯定,就会对要做的事情更有信心,这更利于孩子自信心的培养和正确价值观的形成。

妈妈是孩子的第一位老师,正确的引导能促进孩子积极向上地成长。如果老拿自己的孩子和别人的孩子作比较,会影响孩子的身心健康。记住,只要孩子努力了,那他就是最棒的!

3.孩子永远比面子重要

有个场景我们一定都不陌生。

一群孩子玩耍时,一个孩子唱起歌来,得到了大人们的赞美,于是其他孩子的妈妈也要求自己的孩子唱歌,大部分孩子依照大人的意愿进行"表演",把轻松的聚会弄成了歌咏比赛。但总有那么一两个孩子,也许因为情绪不佳,也许出于叛逆心理,也许想去玩更有意思的游戏,总之就是不唱。

"快唱一个,不然妈妈不高兴了。""你这个胆小鬼,一点用都没有。""这孩子就是这么狗肉上不了正席……"妈妈数落孩子,觉得别人家的孩子都表演了,自己家的如果不这样,就会被认为不够聪明。

事实是,没有人关心你的孩子会不会唱歌,你跨不过去的只是自己的面子。恐怕世界上只有人类这种会思考的动物才会有如此强烈却往往不自知的攀比心。每个为人母者,都希望自己的孩子是优秀的,然而,孩子是否优秀与他是不是给你长面子其实是两回事。优秀这个概念本身就宽泛得几近虚伪,倘若完全按照世俗的模式来套用,优秀指向的是将来升官发财成名成家,然而,是否当众表演唱歌,能不能在一群小朋友中脱颖而出,显得格外机灵与可爱,其实与将来的出息没有半点关系。

几乎所有的中国妈妈都会让自己的孩子"见面叫人",那种妈妈见到自己的朋友后"命令"孩子"快,叫X叔叔、X阿姨"的这类情景实在是太普遍了。然而,幼教专家称,7岁以前的孩子正处于自我建筑阶段,毫无疑问是以自己为中心的,硬要她们跟陌生人打招呼,他们会感到别扭。他们会想:"我不认识他,凭什么要叫他呢?"而到了八九岁左右,孩子懂得自我介绍,便能接受或主动跟家人介绍的陌生人打招呼。

所以,当你的孩子不肯跟陌生人打招呼时,作为妈妈即使觉得丢脸,也千万别强迫他或责骂他,因为这反映了孩子成长的自然法则。当他成长起来,有兴趣去发展自己的社交才能时,他自然会主动跟别人打招呼。

如果妈妈眼里的优秀标准就是孩子能够在每一次她需要面子的时候为她挣到面子,这个孩子长大不一定优秀,倒是一定会变成表演型人格,失去自我,成全他人。

不少妈妈都希望孩子在拍照片的时候笑着面对镜头,但你有没有想过,孩子那时的笑是为了应付你的"命令",还是真的想笑?有一名从事儿童摄影的摄影师就觉得孩子摆出的笑脸不自然,他给自己的儿子拍照时从来不会要求孩子笑,他觉得,既然要记录下孩子最真实的一面,就要尊重孩子当时的情感。

这位摄影师为自己孩子拍照时也有一些不易为旁人所理解的行为。例如,有一次,他带着两岁的儿子跟朋友们在西餐厅就餐。儿子舞弄着面前的一碟意大利面条,就是不肯正经吃。在摄影师跟朋友们聊天时,孩子似乎对那碟意大利粉产生了意见,忽然把整碟意大利面条往自己头上、脸上倒,身上弄得一塌糊涂。

一般的父母见到自己的孩子在公众场所变成这种模样,脾气好的会赶紧让孩子到洗手间好好洗一番,脾气躁的就会忍不住开骂。而这名摄影师的反应却颇出乎其朋友们的意料——只见他笑着对孩子说:"别动别动,爸爸先给你拍张照。"喀嚓喀嚓很快拍完了照片后,他才把孩子拉到洗手间。洗干净出来后,众人问他为什么这么干,他说,孩子这样可能是因为觉得爸爸只顾跟别人聊天,忽略他了,即使孩子这么做是出于贪玩,也是因为自己照看不周,所以,自己完全没有理由去责怪孩子。而拍照则是职业习惯,看到孩子这么真实的一幕,拍下来也是很有趣的纪念。

每位母亲都喜欢说孩子是第一位的,就像恋爱中的人常常对自己伴侣说"我爱你胜过爱自己"。然而,想要真正做到将孩子的感受放在第一,靠的不是爱与本能,而是克制与培养。"我这样做,究竟是为了孩子还是面子"是每一位母亲必须时常追问自己的问题。

常常有性情温和、不擅争抢的小孩回到家被妈妈数落得狗血淋头:"他抢你的玩具,你干吗不抢回来?""他打你,你为什么不还手?你这没用的家伙!"仔细想想,究竟是孩子在群体中被抢了玩具、被打了一下受伤害深,还是面对妈妈粗暴的责怪受伤害深?

很多父母会将这样的教育归结于一种恨铁不成钢的爱,因为爱你,所以心急如焚,所以口不择言。可这真的是因为爱吗?

以成人的理智与智商,果真会觉得一个从小能抢赢玩具的人长大就能成为马云、乔布斯吗?没有父母弱智如此,我们的愤怒只是因为"没用的"孩子伤了我们的面子。

孩子的世界有自己的规则,每个孩子都会想办法,依据自己的特点与脾性,找到属于自己的定位。妈妈的作用,并不是站在成人的角度将孩童的世界复杂化,分为朋友与敌人、坏人与好人、欺负与被欺负,而是默默观察,先鼓励,再指导。

当孩子被抢走了玩具,去玩另一个玩具的时候,妈妈要表扬他的大度;如果他感到愤怒与不适,就告诉他,玩具被抢走,错误并不在他,而是抢玩具的小朋友。相较于玩具,孩子更在乎的是被认可。

请记住,孩子不是你的一枚胸针、一副耳环,他来到这个世界,并不是为了成就谁的成就感,更不是为谁争光,淡定地面对孩子为我们"丢脸"的时刻,是妈妈向尊重孩子独立人格方向迈出的重要一步。

4.分数不能用来评判孩子的优劣

妈妈总会不自觉地盯着孩子从小到大的每一次考试成绩,并以分数决定对孩子的看法,评价孩子的一切。从评价的角度来讲,这样做是只重结果不重过程,是片面的;在广阔的社会环境中,这种思维方式显得太狭隘、太封闭;从更为具体的发展的角度来讲,分数不是一个人的全部,因而,把分数与一个人画上等号是毫无理由的。

低分数、高能力的事例相当多,他们可能就在我们周围,也许就是你的孩子。

大名鼎鼎的美国大发明家托马斯·阿尔瓦·爱迪生举世闻名。他一生中与其助手一共发明和改进了1300多种东西,为世界文明的发展做出了巨大贡献,甚至改变了人们的生活方式。电灯的发明使全世界人每天的平均睡眠时间减少了2~3小时。而这样赫赫有名的大发明家,7岁才开始上学,在校不到3个月便因"太笨"被迫退学.老师说:"托马斯这孩子一点都不用功,还老是提一些十分可笑的问题。他居然问我2加2为什么等于4,这太不像话了。我看这孩子太笨,留在学校里只会妨碍别的学生,还是别上学了吧。"

幸好爱迪生的母亲教子有方,对小爱迪生进行不断的鼓励和教育,不厌其烦地解答孩子提出的各式各样的问题,并为孩子提供如《自然读本》等方面的书籍和实验器材,培养他的实验能力。

爱迪生去世后,人们在悼词中给予了他极高的评价:"他未曾统率千军万马亲临战场,他未曾战败敌国、俘获贼酋,但他所创造的伟大力量,绝非战士所能梦想到的。""设想一个没有电灯、没有电力、没有电话、没有电影、没有留声机的世界情形,亦可以使我们稍微认清他造福于人类的伟大性。"

德国大数学家希尔伯特在少年时也表现平平,有时老师讲的课程还不能当堂吸收,需要课后重复学习。但后来经过努力,加上周围环境的影响,他终究成为了一代数学领袖。

在淡化分数问题后,素质教育要求培养全面发展的人才。在幼儿时期、小学、初中、高中各个不同阶段,不同的孩子在不同时期、不同方面会表现出具有巨大学习潜能的迹象。学校所开设的各种课程是将来必备的基本知识和技能,因此,为了让孩子全面而协调地发展,妈妈应该采用各种有效方法使孩子深刻理解、灵活运用这些基本知识和技能。而对孩子所具有的特殊才能,妈妈要去挖掘,使其收获更大。社会上,三百六十行,行行出状元,妈妈要根据孩子的才能和兴趣对其进行合理的培养。若把孩子比作一块土地,那么,如何使其肥沃是普通教育的事;而探寻哪个地方可能蕴藏着金矿、煤炭,则是特长训练应注重的事。

妈妈、老师都需要有一双开放的眼睛,既要注意孩子的学习成绩,又不要"死盯"、"只盯"住孩子的学习成绩,从"裁决者"、"管理者"的角色上退下来,设法成为孩子的参谋、朋友,平等地与孩子进行交流和出谋划策。"多一个朋友多一条路",孩子的学习潜力就会充分地爆发出来。

考完了,放假了,孩子会带回一张成绩单。看过孩子的成绩单,有的妈妈喜笑颜开,孩子门门功课都优秀;有的妈妈怒上心头,"怎么又考了个不及格?"这样的妈妈是用分数来评判自己的孩子。

有的妈妈不但看成绩,还要看名次。孩子名列前十名,妈妈心中自是美不胜收;孩子在班内后十名,妈妈便满腹忧愁。这样的妈妈是用名次来评判孩子的学习。

第三章 不虚荣：孩子永远比面子重要

其实，不论是看分数还是看名次，都不能正确地对孩子的学习进行客观的评价。

先说成绩评判法。孩子的功课门门都是优，成绩未必好。因为可能试题难度小，所有的同学都是优，而且别人可能更优；多门功课不及格，也不一定是成绩差，因为可能试题难度大，所有同学的成绩都差，你的孩子虽然考了52，却可能是全班最高分。

再说名次评判法。全班前十名，未必就是好学生，如果全班水平都很差，别说前十名，就是第一名成绩也可能平平；如果全班成绩都很好，虽然排在后十名，但最后一名都能过一本分数线，这样的学生难道不算好学生吗？

所以，妈妈们不要拿学生的成绩单瞎分析，让好孩子受批评，让不努力的孩子更不努力。

一代大师郭沫若的四川乐山故居中，至今还留存着两张郭沫若中学时代的成绩单。

一张成绩单是嘉定府官立中学堂于宣统元年五月二十八日所发，成绩列表如下：修身35；算术100；经学96；几何85；国文55；植物78；英语98；生理98；历史87；图画35；地理92；体操85。当时的郭沫若16岁，读完了中学二年级的课程。

另一张成绩单是四川官立高等中学堂所发，成绩列表如下：试验80；品行73；作文90；习字69；英文88；英语98；地理75；代数92；几何97；植物80；图画67；体操60。时年，郭沫若18岁，读完了该校三年级第一学期的课程。

将郭沫若这两张成绩单拿到现在进行分析，郭沫若绝对不是一个学习尖子，专长也不在文学上，倒是数学和生物成绩不错。不过，郭沫若没有成为数学家或医学权威,却成为了一代伟大的诗人、书法家、艺术家。可见,成绩并不能决定孩子的未来。

所以,作为妈妈,最重要的不是分析孩子的成绩,而是要注意观察你的孩子到底具有什么样的潜力。假如孩子爱好游泳,那你就把他当作菲尔普斯;假如孩子喜欢画画,那你就把他送给徐悲鸿"做弟子";假若孩子爱好魔术,那刘谦就是最好的老师;假若孩子喜欢拆拆卸卸,摆弄瓶瓶罐罐,那爱迪生那样的发明家将从你的庭院升空而起……

不要让现在的成绩成为孩子大师成长道路上的阻滞。现在的成绩并不决定孩子的未来,妈妈们要摸准自己孩子潜质的脉搏,顺应孩子的天性发展。

5.别让物质奖励偷走孩子的乐趣

你对孩子进行过物质奖励吗?

此刻的你是否正在为此头疼——不知从什么时候起,获得奖励成了孩子做事的最大动力。

6岁的彤彤绘画很有天赋,经常一个人趴在桌上画。妈妈为了提高她的积极性,每次画完一幅画就会用买零食、延长看电视时间等方式奖励她。最初一段时间,这种方式的确有效,彤彤绘画的积极性提高了很多。可慢慢地,妈妈发现彤彤画的画不再像最初那么鲜活、富有想象力了,而且彤彤对奖励的要求越来越高,一盒薯片不够,看电视的时间也越来越长,不让看电视就不画画。

我们不禁要问:是什么改变了孩子?

心理学研究表明:人的行为动机可分为内部动机和外部动机。当我们因活动本身的兴趣、完成活动后的乐趣或活动对人的挑战力而自发地从事某种活动时,我们的动机源于内部;而为了某种外在结果从事某种活动,则是外部动机。

当妈妈用外部奖励的方式去对待孩子时,等于是在引导孩子把他们的行为与奖励联系起来而不是自身的愿望。接着,他们的自觉度会下降,并渐渐对活动失去兴趣。一旦外部奖励无法满足他们,他们就会停止此项活动。

美国密苏里大学和伊利诺伊大学的一项针对700多名妈妈的新研究发现,在成功完成某些事情后,用礼物奖励孩子或者将送礼物作为表达爱意的一种方式会导致儿童更加功利。

很多妈妈都把物质奖励作为督促孩子学习、让他们乖乖听话的一种手段,因为它在激发孩子动力的初期有立竿见影的效果,也容易达成。但对很多家庭来说,一般的物质刺激已很难满足孩子的"胃口",很容易失去激励的作用和效果。同时,不断升级的物质需求还可能让孩子为得到礼物而选择不正确的途径。

看到这里,妈妈们是不是以为以后就不用再给孩子奖励了?那你大概会面对孩子的抗议和楚楚可怜的眼神。请记住:当孩子们不需要物质激励也能出色完成某活动时,你没有必要画蛇添足地给他奖励;当你要鼓励孩子完成某项他并不是太喜欢的活动时,给孩子一句爱的鼓励或一点小奖励,效果会更好。

物质奖励是把双刃剑,恰当地使用能让孩子懂得一分耕耘一分收获,反之,则会让孩子变得功利,养成一些坏习惯。因此,物质奖励要有度。

妈妈采用物质奖励方式时,务必要遵循两个原则:第一,不要轻易许愿,一旦许愿便要信守承诺。妈妈要有节制、理性地满足孩子的物质要求,对无法满足或不能满足的要求,应明确拒绝并讲清道理。第二,要选择奖励的物品。妈妈可选择必需品或对孩子有益的奖品,如运动器材、书籍等,切忌选择奢侈品,防止孩子产生攀比心理。

　　其实,对孩子最好的奖励是精神奖励和活动奖励。社会化的人都希望得到他人的肯定、尊重和重视,孩子也不例外。而这两种奖励对父母的要求也更高,它表现的是一种真正的关爱和长久相处、沟通培养出来的默契。因此,妈妈在孩子表现优秀的时候不妨为他们点个赞,送一个微笑,用适度的言语真诚地提出表扬,指出不足,给孩子信心和鼓励。另外,带孩子去动物园、出门旅行这种活动奖励也不失为一个好方法,既能满足孩子的好奇心、求知欲,还能在接触大自然中放松身心。

6.带孩子远离攀比的虚荣和自卑

　　比旅游、比礼品、比书包、比鞋子……不知从什么时候开始,幼儿园、小学、中学的孩子们开始了一种攀比之风。家长该不该帮孩子去跟同学比呢?如果不比,是不是不利于孩子自信心的建立?如果比,该如何引导孩子呢?

　　妈妈跟人聊天,无意中提到了同事家的孩子特别聪明,在一边玩耍的青青听到了,当即大哭。妈妈赶紧过来哄:"我们青青也很聪明啊!"青青情绪恢复后说:"我会背唐诗!我会跳舞!我爸爸有小轿车!我还会算算术呢!他不会,是不?……"

看着女儿把家底一件一件地抖搂出来,一副势必要把对方比下去的样子,妈妈有点哭笑不得。孩子处处都要比别人强,根本听不进别人的好,这该怎么办呢?

任何人都有攀比心,孩子也不例外。攀比心理是一种不满足于现状、不甘落后于他人甚至超越他人的心理意识,适当的攀比能够促进孩子的进步,但攀比过了头,处处想着比别人强,就会损害孩子的心理健康。

这一天,6岁的闹闹耍起了脾气,赖在家里不肯上学。问其原因,原来是他前一天在同学面前炫耀爸爸会开霸道越野车送他上学,可这天爸爸有事,把车开走了,他不得不坐舅舅的普通小轿车去上学。他觉得太丢脸,不愿意去学校。

有这么一种特别"心疼"孩子的父母,他们看不得孩子受委屈,尤其受不了自家孩子眼馋别人家孩子东西的样子。此种情况下,这一部分父母往往会立刻说:"走,爸爸/妈妈给你买去。"

这类父母要明白,攀比不是不可以,一定程度的比较心理可以帮助孩子在未来更具有竞争力,但关键要看怎么比。

有一名8岁小学生,开学时非要买一个156元的新书包,妈妈嫌贵没有给他买,他就连哭带闹,最后竟用"不买新书包,我就去退学"来威胁父母。

这个小男孩儿今年上小学二年级,家里的书包、文具已经堆了很多,足够开个文具店了。可每到新学期,他总是闹着要买新文具,每次都要花上几百元。这次开学,他看同学买了一个128元的书包,就非要逼着妈妈给他买一个156元的新书包,要把那个同学比下去。

攀比是一种社会心理现象,任何时代、任何社会都会有攀比心理存在。如今,一些小学生喜欢比谁的零花钱多,谁的家里有钱;中学生喜欢比谁的父母地位高,谁的网友酷;大学新生报到前就瞄准"三大件":手机、电脑、照相机。面对这些不健康的攀比心理和攀比行为,该如何进行引导呢?

小学五年级学生季丹家的电脑是亲戚淘汰的旧货,很不好用,而班里许多同学的电脑打游戏特快。有一天,季丹终于忍不住提出要买新电脑,妈妈不同意,理由是家里经济条件有限。

晚上,妈妈和女儿进行了一番交流。妈妈问:"你们班每个同学都有电脑吗?"季丹脱口而出:"不是,有的同学连电脑游戏是怎么回事都不懂,真可怜。"妈妈说:"真是,你和这些同学比比,咱们的电脑还不错哩!孩子啊,有时候用自己已有的物品或特长向下一比,就会比出优势,比出自信!"

如果仅仅是从物质上比,只能养出片面追求物质的孩子。比如孩子读书以后,哪个同学买了什么品牌的衣服,哪个小伙伴经常去吃什么好吃的之类,这些都会很轻易地刺激到孩子的攀比意识,若父母不能立即满足或者能力达不到,就会引起孩子的负面情绪甚至是问题行为如偷窃等。

相反,如果能引导孩子往更为健康、向上、有助成长的方向去比,那对孩子就是有益的。比如,看跑步谁能坚持得久,看写字谁更工整,看家务活谁做得漂亮,看谁能解答某一个难题之类。

所以,心疼孩子,也要讲究方法。想让孩子长大后能在复杂的社会环境下有自信、有尊严地生活,并且勇于去追求自己的人生目标,父母自己就要先做好榜样,活出健康的状态。父母懂得安享当下,不卑不亢,孩子才能健康成长。父母就是土壤,孩子就是植株,只有好的土壤才能滋养出好的孩子。

小学四年级学生张虎经常和同学进行四驱车比赛,但总是输。后来他发现自己的车之所以比不上别人,是因为车是在小摊上低价买的,没有别人的高级。当他向爸爸提出要买新车时,爸爸说:"你这么热衷车啊,我也想知道这四驱车内部是什么样子的。"后来,父子俩小心地将车拆开……从此,张虎经常查阅资料,一心想自己组装新车……再后来,爸爸还支持儿子参加了学校的航模小组。

这位爸爸的做法是比较机智的。在孩子攀比新车时,爸爸看到了孩子攀比中的一个闪光点:对车的兴趣。于是,他用"我也想知道"激起了孩子的好奇心,使孩子的攀比心慢慢地被科技兴趣所替代,形成了学习和探究的动力。用这种方法来改变孩子的攀比行为,需要找到很好的结合点,才能把孩子的攀比行为变成某种良好的行为习惯。这个改变的过程是一个由低到高、由点滴可能到成功希望的过程,如果一下子跨度太大,要求太高,超越了孩子的发展程度,孩子就会减弱兴趣,甚至失去信心,所以,在引导的过程中,父母一定要有足够的耐心。

7.孩子不是用来炫耀的道具娃娃

著名作家老舍先生曾经说过:"摩登夫妇,教三四岁小孩识字,客来则表演一番,是以儿童为玩物,而忘了儿童的身心教育甚慢,不可助长也。"

在生活中,老舍先生口中的"摩登夫妇"数不胜数,他们最大的共同点就是喜欢拿孩子来炫耀。

吴姐家的女儿会背唐诗了,而且能背诵十几首。当家里有客人时,吴姐就会要求女儿背。女儿张口就来"白日依山尽,黄河入海流",然后又是"离离原上草,一岁一枯荣",接着又是"锄禾日当午,汗滴禾下土。谁知盘中餐,粒粒皆辛苦"。客人听了,不停地夸奖孩子:"这孩子真聪明,记忆力怎么这么好啊?""这孩子不简单啊!""还用说啊?他妈妈是谁啊!他妈妈就这么聪明,怪不得呢!"吴姐听了,心里美滋滋的。

听着别人赞美的话,吴姐的虚荣心得到了满足。女儿做得好,多半是家长教得好,即使不是教得好,也是遗传基因好,怎么说都是家长的功劳。所以,很多父母喜欢听到别人赞美自己的孩子,赞美孩子就等于在夸自己。

后来,每当家里来客人,领孩子去参加一些活动,吴姐就会让女儿当众表演。尽管有时候孩子并不乐意,但吴姐总是有办法让女儿乖乖就范。直到有一次,女儿终于爆发了。

那一次,吴姐的大学同学来家里做客,吴姐又让女儿当众表演。"宝贝,告诉阿姨,五加三等于几啊?"当着同学的面,吴姐满怀期待地问。女儿却怎么也不说,自顾自地玩着手里的玩具。

"宝贝乖,快说啊。"吴姐继续耐心地启发着。但女儿始终不开口,问得急了,女儿说:"我在玩玩具呢。"吴姐生气了:"昨天妈妈不是刚教给你吗?你不是说都学会了吗?"

"我今天不想说!"女儿反驳道。

"怎么这么没有礼貌啊?妈妈平时怎么教你的?"吴姐提高了声调说道。

女儿沉默了一下,终于大声地喊道:"妈妈,我不是你的玩具娃娃。"听到女儿的控诉,吴姐震惊了,不知道该说什么。

孩子是有思想的,他们虽然年龄小,但也需要尊重、理解、关心、鼓励和爱,他们不想成为别人的玩具。

有的妈妈说,让孩子当众表演可以锻炼孩子的胆量,这也是为了孩子的成长啊!孩子当众表演的过程的确是与他人互动交流的过程,对孩子的身心成长有益,可以增加他的自信心。但是,要求孩子当众表演要"以孩子为本",遵从孩子的意愿。所以,当妈妈嚷嚷着要孩子当众表演之前,最好事先征求一下孩子的意见。如果孩子不想表演,就不要为了炫耀孩子的聪明或者自己的教子有方,而逼着孩子做他不想做的事情。

尽管有心理教育专家指出,过分炫耀孩子聪明是对孩子的一种践踏。然而,在如今这"秀"时代,能做到不炫耀孩子的父母实在太少。

每个妈妈从孩子降生那一天起,就殷殷期望自己的孩子从小聪明伶俐,上学时品学兼优,一遍遍地在心里为孩子描绘蓝图,希望将来孩子能再考上一所名牌大学,有一份人见人羡的工作、不菲的收入……但这些只是妈妈们的一厢情愿。这时,妈妈们已经开始自觉或不自觉地将自己的意愿强加到儿女身上,并把他们当成炫耀品。

孩子是一个独立的个体,不是一个会哭、会闹的高级玩具,他们有自己的思想和意志。妈妈应当尊重他们,而不是强迫他们做自己不想做的事,或像对待自己的皮包一样随时随地拿来炫耀。把孩子当作炫耀品,虽然满足了妈妈的虚荣心,但埋下的隐患却不少。如果孩子反感这么做,难免会从心底厌烦妈妈,恐怕以后妈妈的话也很难再言听计从。即使孩子喜欢这样做,那些面子上的赞美也很容易助长孩子的优越感和攀比心理,使孩子养成孤芳自赏、好胜心切、自私自利的性格,这样的人难以经受困难和挫折的考验。

另外,孩子的模仿能力很强,作为孩子的第一任老师,妈妈喜欢炫耀,孩子也就学会了炫耀,不但炫耀自己,也炫耀妈妈给自己买了什么新玩具、过年给了多少压岁钱、家里有什么车、住多大的房子等。凡此种种,都不利于孩子的身心健康。

教育专家指出,经常被妈妈炫耀"聪明"的孩子,平常做事总是局限在自己力所能及的范围内,不喜欢去挑战,容易满足于现状,反而不利于他们的成长。每个孩子都是优秀的,关键在于妈妈如何去引导和教育。妈妈对于孩子的优点、长处、成绩等,需要肯定,但不能奉承;需要表扬,但不能炫耀。

8.坦然面对别人给予孩子的差评

孩子一出生就生活在他人的评价中。评价分好评和差评,有的父母一听到好评就眉开眼笑,一听到差评就心里难受,接着对自己的孩子横挑鼻子竖挑眼。太在意别人对孩子的差评,并气恼孩子没为自己争光,这对孩子造成的心灵上的伤害比皮肉之苦更严重。

第三章 不虚荣：孩子永远比面子重要

小娜因为小时候打错针，落得个轻度听力障碍。她妈妈有个同事，住在小娜就读的小学附近。上小学时，小娜常被妈妈的这位同事投诉："小娜真没礼貌，好几次她上学时我看见她，大老远地就跟她打招呼，她都不理我。"小娜妈妈赶紧解释："我女儿听力不太好，她应该是没听到，不是故意不理你。"小娜妈妈的同事同情地说："真可怜，像你女儿这种听力不好的人，将来在社会上很难混得开。"

小娜妈妈听了同事对自己女儿的评价后，心里很郁闷。小娜因为听力不好，来自各方的差评自然少不了。于是，小娜妈妈经常在女儿面前埋怨："我怎么这么倒霉，摊上你这这样一个孩子。"

别人对小娜的差评，小娜本不在意，可看到那些对自己的差评令妈妈那么介意和痛苦，小娜也开始在意起来，自卑情绪开始在她心里疯长。长大后，小娜的自卑越来越严重，她本可以有更好的前程，但自卑抑制了她的潜能，成了她这辈子最大的枷锁。

大卫小时候顽劣捣蛋，老师给了他差评："不遵守纪律，带头起哄，目无师长。"同学的家长常说："小地痞一个，带坏我家好孩子。"邻居也总是唠叨："这孩子可真烦。"

大卫妈妈面对所有对她儿子的差评，一点儿也不介意，因为她觉得孩子调皮捣蛋是天性，根本与"又差又坏"扯不上边。

多年以后，之前那个收到一堆差评的大卫，如今爱情事业双丰收。大卫常常对别人说："我有一个好母亲，当所有人都认为我不好时，她从来不介意，更不曾打击放弃过我。"

当麦兜的妈妈说出那句"全世界的人不爱你，我都只爱你；全世界的人不信你，我都只信你；我爱你，爱到心肝里，我信你，信到脚趾头里"时，不知有多少妈妈恍然大悟、泪流满面。

没错,哪怕麦兜就是这样不聪明、不帅气、不够好运,那又怎么样呢?麦太太爱他,愿意无条件地输掉自己的一切,去成全麦兜一生的快乐生活。

露露是高一新生,最近她备受挫折,先是入学考试没有达到自己的理想成绩,之后因为一些小事遭到了年级长的批评,这让自尊心很强的露露有些忍受不了。在被年级长批评后,露露立即收拾书包回家,说什么也不肯再回学校上课。这让露露的家长万分惊诧,他们不明白为什么从小懂事的露露无法适应新环境、新生活。

实际上,露露之所以如此,与她长期以来优越的生活环境大有关系。从小到大,露露的学习成绩都名列年级前茅,加上露露的爸爸是重点小学的校长,所以,从幼儿园开始,露露在学校里就很受宠爱。老师们表扬她,同学们喜欢她、羡慕她,爸爸妈妈以她为荣,这让露露的自我感觉非常良好。即便上了初中,露露的待遇也从来没有改变过。

可是,刚刚进入高中,她就遭遇了人生的"第一个滑铁卢",且又被老师当众批评,这让她觉得颜面全无。她坚决地对家长说,要么转学,要么休学,她不想回那所学校让同学、老师笑话。

露露的爸爸很无奈,只好同意让她转学。可他很担心,在新的学校里,露露如果再受到批评,那会怎么样呢?以后走上工作岗位、走上社会,又会怎样呢?

没有人能保证自己或孩子的生活中不遇到挫折、失望,不被人误解或批评,唯有锻炼出较强的心理承受能力,才是积极之道。当父母遇到困难时,要把内心的平稳与坚定传递给子女,让他们慢慢建立起内在的肯定和挫折承受能力。

第四章

会沟通：妈妈这样说，孩子才肯听

1.心有灵犀，读懂孩子的非语言行为

一位母亲问她5岁的儿子："如果妈妈和你出去玩，我们渴了，又没带水，而你的小书包里恰巧有两个苹果，你会怎么做呢？"

儿子歪着脑袋想了一会儿，说："我会把两个苹果都咬一口。"

听到这个答案，这位母亲非常失望。她本想像别的父母一样对孩子训斥一番，告诉孩子自私有多么可怕，然后再教孩子该怎样做，可就在话即将说出口那一刻，她忽然改变了主意。

她摸摸儿子的小脸，温柔地问："能告诉妈妈，你为什么要这样做吗？"

儿子眨眨眼睛，带着一脸的童真说："因为……因为我想把最甜的一个留给妈妈！"

霎时，母亲的眼里闪动着泪花。

有一位教育学家每次演讲时都要向妈妈们讲述这个故事,并且感慨地加以点评:这位妈妈是幸运的,因为她对儿子的宽容和信任使她感受到了儿子的爱;而男孩同样是幸运的,他那纯真而善良的流露是因为母亲给了他把话说完的机会。

与孩子成为朋友,可以更好地促进孩子的成长,这一点已经成为全世界父母的一个共识。每当看到孩子的有一点进步,父母都会感到欣慰,想要分享孩子的快乐;每当看到孩子犯错误,父母也都想用最正确的方式来感化孩子,使孩子今后不再犯类似的错误,走上正确的成长轨道。

父母的愿望总是好的,可现实又怎样呢?根据教育研究部门对我国家庭的调查,有70%的孩子觉得自己不幸福,觉得自己和父母有距离;而73%的妈妈坦言,还没有找到与孩子正确沟通的办法。

优秀的父母总能知道孩子想要什么,并不是他们能读懂孩子的内心,而是他们时刻关注孩子的一举一动。其实,孩子的内心很简单,他们的所思所想几乎都能用语言表现出来,只要妈妈们平时够细心,就一定能够了解孩子的心思。

一位父亲曾经做过一个试验,他想测验一下他儿子的智力状态。他在两把椅子上面放了两个垫子,然后拿了一样东西藏在其中一个垫子底下。他把孩子请进来说:"你给爸爸说说,东西藏在哪个垫子底下?"孩子径直走到那个没有藏东西的椅子前,掀起垫子,说:"噢,没有呀?"他爸爸说:"噢,那就请你再出去吧。"孩子出去后,他把东西藏到了另一个垫子下面,然后又把孩子请了进来。孩子进来后又径直走到没有藏东西的垫子前,掀起来,说:"噢,没有呀?"见此情景,这位爸爸生气地说:"简直不可理喻,怎么这样呢?"

对于此事,著名幼儿教育家蒙特梭利的看法是:"孩子是想让父亲有成功感。"孩子是在跟父亲玩一种游戏,是为了满足父亲的一种需求,他以为只要自己发现不了,爸爸就会觉得自己很聪明。但是他不知道爸爸在测试他的智力。所以蒙特梭利说:"我们成人根本没有办法了解孩子的真实心理状态。"

每个人都有自己美妙的童年,可人一做了父母,往往就把自己的童年给忘了,一味以成人的心情要求孩子。如果妈妈能经常回忆自己的童年,"将心比心",遇到问题替孩子设身处地想想,就会更容易理解孩子的心情,对孩子的教育方法自然也会有所改变。

比如,孩子跳皮筋跳得正欢,妈妈非得让孩子马上回家,孩子的嘴就会撅得老高老高。为什么?因为她刚跳完,应该给别人抻皮筋了,这时候走开,小朋友就会对她不满。又或者,好容易等到该她跳了,妈妈却把她叫回了家,此时,她心里也会不满。如果妈妈理解孩子的心情,允许他再玩几分钟就回家,孩子有了思想准备,"告一段落"后就会自觉地不玩,心里的不平衡也会消失。

妈妈们不要忘了自己的童年:拍洋画、弹球、打弹弓、跳皮筋、跳房子、下老虎棋、吹泡泡、过家家,这些你都曾迷恋过。如果妈妈们能回忆一下童年,对于读懂孩子、正确引导孩子是大有好处的。

没有理解就没有真正的爱。不理解孩子,妈妈对孩子的爱反而会使孩子反感。只有站到孩子的立场上以孩子的目光看待自己的要求,支持孩子的正当要求,与孩子同喜、同忧、同乐,心理相通,情感交融,才能爱得准,爱得深,爱得正当。

当然,理解不是目的,而是教育的起点。理解代替不了教育,但没有理解就很难教育。有些孩子和妈妈情绪对立,往往是因为妈妈不理解孩子,简单粗暴地教育孩子造成的。理解是为了避免这样的做法,变简单粗暴为耐心诱导,变单纯禁堵为积极疏导。

2.不需要孩子如木偶般"乖乖听话"

幼儿园中有这样一群"乖孩子",他们聪明伶俐,接受知识的速度很快,自理能力强,性格乖巧听话;他们担任着班长、组长的职位,是老师的小帮手,经常受老师表扬;他们也是孩子们关注的中心,走到哪里都有几个小跟班。很多妈妈都很羡慕家里有这样一个"乖孩子",带起来省心,不过,乖孩子的另一面你关注到了吗?

糖糖是一名4岁的小女孩,自小班入园后,她不像其他小朋友那样爱哭闹。她很安静,从不多说一句话,不主动与小朋友交往,喜欢自己一个人静静地坐着,看着小朋友玩。这样乖巧省心的糖糖,就是老师心中的"乖孩子"。

别的孩子都争先恐后地挤到老师面前,大声嚷着"老师,我要布娃娃"、"老师,我要汽车"、"我要小飞机"……唯独糖糖安静地坐在位置上,眼巴巴地看着老师。"你要玩玩具吗?"老师问道。"要。"她轻轻地说。"你想玩什么?"她用手指了指娃娃。她平时沉默寡言,不能用流畅的语言与别人交流,对话通常是被动的一问一答或不答,其行为表现为明显的交往退缩。

退缩行为是孩子的一种消极性社会适应表现,它的基本特征是孩子对自己缺乏自信,行为常有退缩表现。如果不及时帮助孩子消除这种行为,久而久之,定会影响孩子的人格健康,导致孩子一生的心理障碍,使孩子产生自卑感,甚至形成孤僻、冷漠、懦弱、多愁等不良性格,直接影响他的人生历程。因此，妈妈们千万不能忽视这些"乖孩子"，应及早觉察孩子的退缩行为，并通过有目的、有计划的教育影响，帮助孩子克服退缩行为和心理障碍，形成健康、积极向上的人生态度，促进孩子身心和谐发展。

在素质教育的今天，必须改变以往那种只看孩子智力水平，只关心其身体健康，忽略心理健康水平、个性发展水平的陈旧观念。现实生活中，有一些孩子表面看来好像很听话，是个"乖孩子"，但情感淡薄、性格脆弱、意志薄弱，存在一些心理问题，应该得到妈妈们更多的关注。

小学二年级的Steve很淘气，经常恶作剧。有一次，他和自己的一个朋友做了一个很"正式"的布告，说明天是"把宠物带到学校日"，结果，许多孩子都把家里的猫猫狗狗带到了学校。当老师就此事责问他时，Steve对此的解释是学校老师讲的东西太简单，不能满足他的好奇心，所以，他才分散精力到淘气上去。可是，当他惹了麻烦被老师关禁闭的时候，他高中都没上完的父母却"捍卫"他的"独特性"，理直气壮地跟老师说："这孩子聪明透顶，没教好是你们没有能耐！"

对于少不更事的孩子而言，"乖"是成人制造的一颗情感棒棒糖，大部分"乖孩子"都是被父母夸出来的。这种夸赞，是对顺从的夸赞，实际是用一种长辈已有的生活经验取代孩子的个人体验，鼓励孩子听从成人的教育。

一位幼儿教育专家到国外看到一个幼儿用蓝色笔画了一个"大苹果"，老师走过来说："嗯，画得好！"孩子高兴极了。这时，中国专家问教师："他用蓝色画苹果，你怎么不纠正？"那个教师说："我为什么要纠正呢？也许他以后真的能培育出蓝色的苹果呢？"

其实,外国教师或妈妈这样容忍孩子的"不听话"是有道理的,它可以保护孩子的想象力,激发孩子的创造力。当然,允许孩子"不听话"指的主要是思维上的"不听话",孩子们看到的世界是独特的,他们的想象力是很丰富的。如果我们用成人的思维方式对他们进行粗暴的干涉,就会扼杀他们的想象力和创造力。

一个孩子如果行为符合成人世界的标准,总是顺从大人们的意愿,可能会获得长辈的夸赞,这种快乐体验会让孩子认识到顺从是一种快乐,尽管这种顺从可能要违背自己的意愿,但为了获得这颗"棒棒糖",有些孩子会选择按照大人的意愿行动,久而久之,外部评价成了主导个体自我判断的主要标准,"我是什么样的人不重要,我在别人眼里是什么样子才重要。"

小勇的父母对小勇的要求非常严格,小勇一不听话就会挨打。所以,小勇上学以后一直很乖,只要是父母说的话,他不敢不听。在父母这种严格的教育下,小勇的成绩在同龄人中是最好的。在父母和老师眼中,他绝对算是个好孩子。

可自从上了六年级以后,小勇就变得不听话了。他不愿意去上学,总把自己锁在房间里,不管父母怎么劝都不肯出来。刚开始时,父母都假称小勇生病了,向老师请假。但几天过去了,小勇还是不肯去上学,这下可把父母急坏了。但不管父母怎么责骂、劝导,小勇就是不听。最后,父母只能跟老师说实话。在班主任的建议下,父母带着小勇去了医院。

心理医生和小勇单独谈话之后才知道,小勇为了做个听话的好孩子,一直活得很压抑。在一次与同学的争执中,小勇爆发了。这次之后,他就一直觉得同学们都在背后说他坏话,不喜欢他,所以他才不愿意去上学。

当妈妈们在一起谈论孩子的时候，除了谈论孩子的学习成绩之外，也会炫耀孩子的乖巧听话。有些妈妈在教育孩子的时候会说："你看，邻居家的哥哥多听话，你以后也要像哥哥那样乖。"在妈妈的心中，孩子听话就是父母最大的骄傲。但实际上，孩子太听话了不一定就是好事。

很多儿童心理专家指出，越是听话的孩子，越缺乏创造性、冒险性，甚至缺乏自我判断能力。当这些与生俱来的天性被妈妈抹杀后，一旦有一天他们面对困难，就会很容易患上"心病"，比如抑郁症、焦虑症、精神分裂症等。所以，不要把孩子管教得太听话了，孩子适当地叛逆一点还是很有必要的。

小孩子的喜好和妈妈的喜好是有很大区别的。很多父母理解不了孩子为什么会有那么多稀奇古怪的想法，小孩子也理解不了大人为什么可以指使自己，而自己却不能指使父母。妈妈应该让孩子学会做自己，而不是做父母的"翻版"。

比如，让孩子用自己喜欢的风格来布置自己的房间，让孩子交自己喜欢的朋友，做自己喜欢做的事情，等等。

有些妈妈对孩子有太多的不放心，喜欢处处管着孩子。什么叫"太多的不放心"呢？

"儿子多吃点儿，不然等下会饿的。"

"这个太难了，还是我来吧。"

"学习上得好好管着他，不然，他就知道玩。"

……

因为这样的"不放心"，妈妈习惯了插手孩子的事情，习惯了不允许孩子有自己的想法，慢慢地，孩子就会失去自己的主见。

其实，父母的这些"不放心"完全没有必要。饿一次之后，孩子自然就知道要多吃一点了；冻过一次之后，孩子自然就会穿衣了。"听话"和"有主见"不是两个对立面,就像硬币也有正反面一样,两者本来就是一体的,并不存在冲突。所以,当孩子有了自己的主见时,妈妈要适时地把自己的"不放心"放下。

3.学会倾听,做孩子的贴心好朋友

倾听是打开孩子心门的钥匙,是亲子沟通的灵丹妙药,更是一名合格的妈妈应具备的基本素养。然而,在现实生活中,很多妈妈由于不会倾听吃尽了苦头,孩子向她们关闭了心扉,亲子关系也蒙上了阴影。

放学了,梅梅高高兴兴地回到家,妈妈正在做家务。

梅梅走到妈妈面前,高兴地说:"妈妈,老师今天表扬我的同桌了!我们组长受到表扬,我好高兴啊!"

"尽讲些不痛不痒的话,老师又没表扬你。"妈妈冷冷地说道。

"妈妈……"

"不要多说了,没看我忙着吗?做作业去吧!"

梅梅的表情一下子由阳光灿烂变成了阴云密布。

妈妈没有给孩子说话机会,时间长了,孩子就不愿再跟妈妈说了,如此,妈妈就很难了解孩子的内心世界。

当孩子和父母交谈时,父母应该"停止手中所做的一切事情"。如果父母继续他们在做的事情,孩子就会认为父母对他们所说的事情不在乎。特别是当孩子向父母述说他们的忧虑、担心和恐惧时,父母不能太快下结论。

孩子大都喜欢唠唠叨叨地讲他见到的一些人或事,这时,妈妈千万不要嫌孩子罗嗦和麻烦,因为这种唠叨恰好是孩子自主意识的最早体现,他在试图向成人表达他自己对这个世界的看法。因此,妈妈不仅要静听孩子的唠叨,还要鼓励孩子多唠叨。

不少妈妈在听孩子讲话时,有时会觉得孩子的语句、用词不够成熟,喜欢抢过孩子的话头来说,这样做无疑是在剥夺孩子说话的机会,同时也会让孩子对以后的表达失去信心。因此,在孩子想说话的时候,即使他辞不达意,妈妈也应让孩子用自己的语言把意思表达出来,而不能抢做孩子的"代言人"。

听孩子讲话,了解他观察的角度、关注的内容、对事物的理解方式,可以及时地了解孩子的思考能力和价值判断。妈妈也需要不断拓展自己的知识面,对孩子的观点有所判断,同时合理地帮助孩子树立他的人生观、世界观。

当孩子为自己所做的事与妈妈争辩时,妈妈千万不能斥责孩子顶嘴,要给孩子充分的辩解机会;当孩子与他人争吵时,妈妈也不要立即去调解纠纷,可以在旁聆听和观察,看他说话是否合理,是否有条理。这对培养孩子独立思考的能力大有益处。

倾听不单是当好听众,还要用动作和情感向孩子传达爱。比如,可以摸摸孩子的头,拍拍孩子的肩膀,对孩子点点头,给孩子竖大拇指,给孩子传递肯定的眼神,等等,让孩子感受到父母的关心和爱护,感受到父母是最可信赖的。

做到这些,孩子就会打消所有顾虑,向父母敞开心扉,把心里话告诉父母。

小磊的母亲最近声带发炎,疼得要命,医生嘱咐她一周内不要讲话,这可憋坏了平时爱说话的她。但母亲发现,这段时间,自己跟儿子的关系奇迹般地融洽了起来。

看过医生的当天,小磊回家一进门:"妈妈,我再也不想去幼儿园了,老师笑话我!"

如果平时听到儿子这么说,母亲肯定会先怪罪孩子调皮,声音会吼得比孩子还大。但由于不能说话,她只好忍着,什么都没有讲。

气呼呼的儿子来到母亲的身边,伤心地哭了起来:"妈妈,今天老师让我们装玩具,我把小马的耳朵给小驴安上了,老师就笑话我,小朋友们也都笑我。"

母亲依然没有说话,而是把伤心的儿子搂在了怀里。儿子沉默了几分钟,从母亲怀里站了起来,平静地说:"妈妈,我去玩了,我没事了。"然后就高高兴兴地走了。

这次声带发炎,无意中让小磊的母亲体会到了倾听对于和谐亲子关系的奇妙功用。

耐心倾听孩子讲的每一句话,鼓励并引导孩子自由地表达思想,既体现了妈妈对孩子的尊重,同时也能有效地培养孩子的自主性。

善于倾听的妈妈能聆听到孩子的心声,能及时分享孩子的幸福、快乐,能在第一时间替孩子分担痛苦、烦恼。因此,不管你有多忙,都要停下手中的事情,做孩子的忠实听众,让孩子自觉地向你敞开他的心扉,这样,教育孩子的诸多问题也就迎刃而解了。

4.有技巧地说话让沟通更顺畅

很多大人不太会跟孩子聊天:"你今天在学校做了什么啊?""你在学校有没有乖乖听话?"这两个问题,小朋友的答案大概都是:"没什么啊,就跟平常一样!""有乖啊!"这样,话题还能继续吗?还有很多大人,他跟孩子之间的对话永远都是:"功课写完了没?""琴练了没?""这次考试得了几分?"……这种状况比较像是质问,很难称作是聊天,因为通常都是以问句始,以斥责终。

在中式家庭里,鲜有和乐融融的晚餐时间、睡前时间及聊天时间。于是你会发现,孩子在你面前几乎就是一个哑巴,很少主动说话,你问他也问不出什么东西,久而久之,他于你而言变得越来越陌生。

此时,妈妈们是否该检视一下自己的"聊天技巧":到底要用什么魔法,才能让孩子愿意向我诉说?其实说穿了,这些小技巧一点儿也不困难,你也可以做得到。

孩子跟大人不一样,他们很难理解抽象的问题,也很难回答。因此,想要了解孩子在学校的概况,要尽量避开"抽象"、"大范围"的问题。不妨改问一些很简单、一定有答案的问题,而且要从细节开始。不要问:"你今天在学校过得如何?""你今天在学校做了什么?"这种问题孩子很难回答,或是只会简单回答:"还好。""没做什么!"这样,聊天很难持续下去。你可以改问:"你今天在学校上了哪些课?"当孩子说出自然、音乐、英语的时候,你就有机会接着问:"喔!那自然课今天教什么?"孩子就会接着回答你的问题:"教气象啊!什么气温、风向的,无聊死了!""喔!那音乐课有没有好一点儿?"以此借机了解他今天做了些什么,并持续交谈下去。

想了解孩子在校的情况,可以用迂回的方法从别人开始问起。来看一下这对母女的聊天:

妈妈:"你们班上最调皮的是谁?"

女儿:"是XXX"

妈妈:"他做了些什么事惹老师生气呢?"

女儿:"上课讲话啊!还有昨天用东西丢同学的头!"

妈妈:"那老师怎么办?"?

女儿:"老师罚他站啊!站到下课,超惨的!"

妈妈:"真的啊?好可怜喔!都不能坐下,脚一定很酸。你们老师这么凶啊?你有没有被老师凶过?"

女儿:"没有!我很乖,老师对我一点也不凶。"

从这样的一段对话,妈妈便能约略得知孩子对老师的观感、上课的情形,以及老师对孩子的调皮行为如何处置等。从"别人谈起"是一个很好的聊天方法,孩子会告诉你班上谁吃饭吃得最慢、谁最常被罚、谁功课最棒、谁今天又打了谁等。当然,在聊天过程中,你就能窥见他处于什么样的位置、对同学的行为有什么样的看法,然后了解孩子在你看不见的时候用什么样的身心状态去处事。

大人跟孩子聊天,很容易发生的一个状况就是大人常常否定孩子的感受,这是与孩子聊天时的大忌。比方说,当孩子说"自然课无聊死了"的时候,大人绝对不要接着说:"自然课不无聊啊!天气、气象是一件很有趣的东西……"只要你这么一说,这个话题就很难聊下去了,因为当孩子觉得你并不认同他说的话时,他就会把自己后面要说的话咽回去,中断与你的交流。比较好的方式是回答:"喔,自然课很无聊啊,你可以告诉我是什么让你觉得很无聊吗?""因为我本来以为自然课可以做实验、看酒精灯之类的,结果就是坐在教室里上课,无聊死了!"保持中立的语调,感受他的感受,往往可以让你知道孩子更多的想法,了解他的需求,进而帮助他解决困境。比如,当孩子向妈妈抱怨"功课好难、好多!我都考不好"时,不要说:"考不好有什么关系?成绩不是那么重要啊!"这句话看似在安慰孩子,但孩子却未必会领情。此时,孩子需要的不是"否定"他的心情的对话,而是"了解"他心情的对话。所以,妈妈应该说:"考不好心情一定很不好,你现在一定很难过,你要不要说说你的苦恼?"

最后要提醒大家的是,在跟孩子聊天时,孩子可能会说出一些令你惊讶、反感的事,此时切记要"不动声色"——声调平常,假装毫不在意——这很重要。在尚未明白事情的真相或者尚未想出如何应对时,先保持朋友般的倾听是很重要的。对孩子的"说教"或"讲道理"要与聊天分开,这样才能够让孩子畅所欲言、无所不言。

5.巧用鼓励,培养孩子强大的自信

林琳快要小学毕业了,她近来总在闹脾气。她拒绝爸爸妈妈翻阅她的书本,拒绝将学校里发生的事情告诉爸爸妈妈。每当爸爸妈妈有一丝询问的意思,她就会表现得非常烦躁。"我们知道升学考试给她带来了很大的压力,所以常常会安慰她、鼓励她。但越鼓励,她好像越是听不进去。"林琳的妈妈非常担心女儿的情况,她不明白,孩子到底遇到了什么事情,为什么会如此排斥父母的关心。

经过深入的沟通得知,从小到大,林琳从父母那里得到的都是最好的评语，无论她做什么事情，爸爸妈妈都会夸奖她做得好。小时候，林琳喜欢在纸上涂鸦，每次随手画出的作品，都会被爸爸妈妈贴在最显眼的位置展出来供一家人欣赏。

虽然在绘画班的时候老师很少表扬她，但爸爸妈妈会在家里弥补课堂上缺失的那份鼓励。好像无论做什么事情，在爸爸妈妈的眼中，林琳都是最棒的。因此，在林琳自己的心中，她也是同龄孩子中的佼佼者。

然而，上学以后，骄傲的她经常会听到同学说自己："她总觉得自己是最棒的，其实她什么都不行。"难道自己根本就没那么出色？她带着这个问题去问妈妈，妈妈的回答是："别听同学瞎说，我家林琳就是最棒的。"而在之后的一次考试中，林琳发挥得不好，名次比较靠后。林琳哭着说："我根本就不是最好的，我再也不相信爸爸妈妈了。"

妈妈们的态度、评语就像是摆在孩子面前的一面镜子，孩子总是通过这面镜子来认识自己，形成"我是谁"这样的心理概念。因此，镜子反映出的内容对孩子自我概念的建立极为重要。

林琳的自我概念建立在爸爸妈妈不断的鼓励之中，因为总是受到夸奖，所以林琳始终以为自己就是那个最棒的孩子。父母的这种鼓励就像是在孩子的面前立起了一面凸透镜，而林琳则像是一只站在凸透镜前的小猫，一直以为自己是一只老虎。

以往遇到失败的时候，爸爸妈妈总是将其归结为外部原因，所以，林琳的自我界定始终没有发生改变，无论遭遇怎样的挫折，她都会认定凸透镜中的人就是自己，不知道自我的真相究竟是什么。一旦她发现真实的自我与爸爸妈妈告诉她的那个自我有很大的差别，这个结论对她的打击将是难以承受的。

每个人的自我概念都建立在他人评价的基础之上，而这个"他人"不仅仅是指父母，随着孩子年龄的增长，家庭之外成员的评价会越来越重要。来自不同社会群体的人会因为标准不同而导致对同一个人、同一件事情的评价产生很大的差异。父母的评价性语言与来自外界的评价性语言越是具有一致性,孩子就越会相信自己的父母;而一旦父母对孩子的评价与外界差异过大,孩子的心中就会画出一个问号。而当孩子感受到来自父母的称赞缺少依据性,甚至有些敷衍时,他们对父母的信任感就会有所下降,甚至影响到亲子之间的关系。

很多父母认为他们称赞孩子就是鼓励孩子,但是,称赞可以是鼓励,但不等于鼓励。表面看来,称赞和鼓励是在相同的过程中产生的,这是因为称赞和鼓励二者都注重积极的行为。其实,称赞是鼓励的一种,是以竞争为基础,获胜者才能得到,有最好的意思。

事实上,父母在称赞孩子时的心态是:如果你做我认为好的事情,你将会从我这里得到承认和重视(有价值)作为奖赏——称赞是想用外在的建立来激励孩子。但鼓励是对孩子的努力和改进而言的,不管这努力和改进多么微小,都可加以鼓励。

晓敏想参加手工比赛,每天都很认真地练习。一天,她沮丧地对妈妈说:"妈妈,我可能不行,豆豆剪的小兔子可好看了,我比不上。"这时,妈妈说道:"我记得前两天你剪出来的图画还没有这么漂亮,宝贝,你已经进步很多了。"妈妈的鼓励让晓敏很开心,信心也更强了。

鼓励使用的时机和称赞是有区别的。鼓励在孩子表现低落的时候也可以使用,孩子觉得自己做得不够好,或者当他们面对失败时,父母可予以鼓励,但称赞不能在这种情况下使用。称赞和惩罚一样,是一种控制的方法。

6.纠正孩子说脏话的坏习惯

所谓脏话,即污言秽语、粗鄙不文的言语,字面解释为不正面、不合适的言语,语句中含有令周边聆听者感到羞辱或冒犯的用字遣词。

生活中,成人说脏话,听的人习以为常,没有人会去思考脏话的含义,最多觉得厌恶,话不投机半句多,扭头走开了事,但对于好奇、好模仿而又入世未深的孩子,那可是天大的灾难。

有人做过一份调查,主要内容是孩子说脏话的现状。接受调查的对象是200名小学生。调查结果从数字看,有62.5%的学生平时经常说脏话,有些学生因一点儿小矛盾就对骂,有的已成习惯,张嘴就带脏字。调查结果告诉我们,当前小学生骂人现象比较普遍,这不能不引起妈妈们的重视。

5岁的男孩童童和邻居家的小朋友亮亮在花园里一起玩耍时,童童搬着的小椅子不小心碰到了亮亮,童童没有注意到,继续玩耍。这时,亮亮冲上来对童童破口大骂,此时,亮亮的妈妈正在不远处和别人聊天,看到后,马上过来制止亮亮,亮亮气呼呼地说:"谁让他碰我了,他碰我我就骂他!"妈妈很生气,不由分说地给了儿子一巴掌,结果,亮亮闹得更凶了。对儿子的骂人行为,亮亮妈妈训也训过,打也打过,但就是改不过来。对此,亮亮妈妈感到很苦恼。

孩子骂人、说脏话的坏习惯确实很让妈妈们头疼,但妈妈们也应该认识到,在成长的过程中,几乎所有的孩子都骂过人,这是成长的必经阶段。一般来说,造成孩子骂人的原因主要有三个:一是孩子对于事情没有是非对错的概念,他们说脏话都是无心的,只是从大人那模仿而来,觉得好玩;二是孩子模仿他人说脏话,但没有得到妈妈们的有效制止,逐渐成为了一种习惯;三是被迫说脏话,因为孩子的自我意识还不是很强,所以他们会用学来的某些语言来形容事物,或者是发泄自己的情绪。

说脏话是一种不文明的行为,是缺乏教养的表现,它会直接影响到人与人之间的交往。但是,有些妈妈们却对孩子说脏话的行为熟视无睹,尤其是对那些刚开始学说话的幼儿,听到他们偶尔学说一两句脏话,甚至觉得很有意思。这是非常错误的,对此,妈妈们一定要引起重视,从小纠正孩子说脏话的习惯。

随着年龄的增长、语言水平的提高、社会交往的增多,孩子不可避免地会接触到社会上一些不健康的语言环境,此时,父母应及时做好孩子的教育工作,保证孩子从小养成良好的语言习惯。

有一个上小学的男孩,满口脏话,经常欺负女生,对女老师也很不恭。为了解决这个问题,班主任老师联系了孩子的妈妈,没想到孩子妈妈却对老师哭诉孩子对她如何无礼。班主任苦口婆心地教育这个孩子要讲礼貌,但收效甚微。

有一天,班主任到孩子的家里去家访,开门迎接老师的是孩子的父亲。听说了儿子的缺点后,父亲边骂孩子,边拿起棍子追赶孩子,口里还嚷嚷着:"叫你不学好,叫你骂人,你这是从哪儿学来的?"儿子边跑边回答:"都是跟你学的。"父亲一时无语。这时,班主任老师随口问了声孩子的母亲在哪里,只听父亲轻蔑地说:"还瘫在床上呢,死猪婆!"这下,班主任老师终于明白孩子不讲礼貌的根本原因了。

爸爸当着孩子的面如此侮辱自己的妻子,而且不顾有外人在场,打骂孩子,孩子怎么可能讲礼貌呢?班主任老师批评了孩子的父亲,这位父亲也意识到自己的行为对孩子的不利影响及后果,后来学会了尊重妻子,不讲粗话。慢慢地,这个孩子也变得越来越懂礼貌了。

孩子的语言表达方式在很大程度上是模仿成人而形成的。因此,妈妈们应该提高自身的修养,为孩子做出良好的榜样。此外,妈妈们还应该有目的地筛选影视作品,让孩子结交语言文明的小伙伴,尽可能杜绝孩子学说脏话的渠道。

小学四年级学生晶晶家有一个不成文的规定:谁要是说粗话,其他人就用异样的眼光盯着他,直到他认错为止。这个方法是妈妈想出来的。有一次,晶晶和一个女同学发生了不愉快,回家就向妈妈发牢骚,并说了几句很不好听的话。妈妈当即用很尖锐的目光盯着晶晶,晶晶意识到是自己说了不该说的话,赶忙打住。晶晶笑着说:"有时妈妈不注意,偶尔也会说粗话,这时,我爸爸就会一起用异样的眼光盯着她,她就会不好意思地和我们道歉。"

昭昭的妈妈也有一个对付粗话的好办法。"以前孩子也说粗话,特别是对待爷爷奶奶很不礼貌。后来,每当他说话不注意时,我就很严肃地对他说:'这句话我不能接受,换个词再说一遍!'慢慢地,儿子就知道哪些话该说,哪些话不该说,现在坏毛病已经基本上改掉了。"

父母的言行会影响孩子的行为习惯和性格心理。所以,如果你觉得自己的孩子在日常生活中喜欢讲脏话,那你就要先反省一下,问问自己,是不是你喜欢骂人,导致孩子模仿你的行为?

当发现孩子说脏话时,妈妈可以重复他的话,让他自己思考听到这句话的感受。例如,孩子说:"妈妈是个大坏蛋,我烦死你了。"这时,妈妈就可以和他说同样的话,然后和他分析,如果听到妈妈说不要自己,他的心情会怎样。这样,孩子也会反思自己说的话。

想自己的孩子不说脏话,就要远离不良信息。父母在为孩子选择读物、电视剧、动画片的时候,如果有相关的污秽画面和粗暴的语言,父母要给孩子相关的指引,给孩子分析这些是反面教材。

"近朱者赤,近墨者黑",有一个氛围良好的朋友圈子是十分重要的。如果孩子长期与一些有不良嗜好的伙伴玩耍,他们无形中也会受到影响,形成不良习惯。父母可以让孩子和好朋友之间形成一种约定,互相监督,学习彼此的良好习惯,摈弃说脏话、爱骂人的坏习惯。孩子们虽然很容易被外界不好的信息感染,但也很容易改掉坏毛病,所以,妈妈们要尽量耐心地引导孩子,不要立刻责备恐吓孩子,否则可能会带来反效果。

7.教训孩子是最糟糕的沟通方式

面对孩子的调皮捣蛋,很多父母开始时也许会好言相劝,但当他们发现孩子依旧屡教不改时,他们就会忍不住训斥孩子,甚至上演棍棒教育。对于这样的父母,在此给一个忠告:"理由是永恒的,恐惧是瞬间的。"

有人曾经做过一项与此相关的心理学实验。首先把孩子分成两组,给每组孩子一个箱子,然后温柔地跟一组孩子说:"不要乱摸箱子里的东西喔!"对另一组孩子则严肃地威胁道:"如果乱摸箱子里的东西,你们就会受到惩罚。"本次实验调查的是在没有监督的情况下摸箱子的孩子人数。调查结果显示,两组中,摸箱子的孩子各占30%。过了3个月,再让这些孩子重新回到放箱子的地方,这次没有威胁孩子。实验结果显示,曾经被威胁过的孩子中,摸箱子的孩子占70%,而另一组孩子中,摸箱子的孩子依然只有30%。

此实验证明了"威胁"的效果是短暂的。孩子们因恐惧而做出的行为只能保持短暂的瞬间,但根据自己的判断做出的行为却能维持很长的时间。因此,制止孩子的行为时,如果经常威胁孩子,反而得不到预期的效果。

在制止孩子不好的行为时,妈妈尽量不要生气,而应该耐心地说明自己反对的理由,但是不要用"这样才是好孩子"之类的语气,必须言简意赅地表达自己的感受。"如果你捣乱,妈妈又得重新整理屋子。""如果你推朋友,小朋友会很疼的。""如果乱碰这些东西,你会受伤,这样妈妈会很伤心的。"像这样具体地说明理由,孩子会更容易理解妈妈的话。

曾经有一个人到附近的两个牧场挑选赛马。其中一个牧场里的马匹比较温顺,但缺乏霸气,因此怎么也跑不快;而另一个牧场里的马匹野性很强,但是跑得快,而且能严格地遵守赛跑的规则。经过一番比较后,这个人决定购买有野性的马。他向牧场主人咨询了养马的秘诀,牧场主人回答:"其实没有什么特别的秘诀,我只是让这些马匹靠自己自然地成长。"

这个人带着好奇心,在两个牧场观察了一天。首先,培养温顺马匹的牧场里设有马匹的专用通道,而这些马匹会在主人规定的时间内,按照主人的命令,只沿着专用跑道奔跑;但培养有野性马匹的牧场内没有专用通道,而且除了喂饲料的时间,所有的马匹都能自由自在地奔跑。

其次,两个牧场的围栏高度明显不同。培养温顺马匹的牧场围栏比较矮,而平时温顺的马匹经常趁主人不注意跑出围栏,这时,主人就会赶紧加强对马匹的监视;培养有野性马匹的牧场围栏很高,没有一匹马能跑出围栏,牧场主人根本就不用监视马匹。总而言之,通过高墙保护马匹,同时让马匹在牧场内自由地奔跑,就是培养有野性马匹的秘诀。在教育孩子时,也可以使用这个秘诀。

有些父母经常要求孩子遵守所有的规则。当然,在孩子成长的过程中,的确有很多必须遵守的规则,例如按时吃饭、不打人等。但是,不伤害孩子的自律性和自信心也是父母必须遵守的规则。

在这个阶段,孩子们的自律性将达到顶峰。一般情况下,出生15~18个月后,孩子开始逐渐形成自我,而这种自我会通过"不喜欢"、"不想做"、"我来做"等语言来表达。大部分妈妈听到这些话时,会认为这个孩子"没有礼貌"、"脾气倔犟"、"撒娇",而这些语言恰恰就是孩子们表达自己想法的很有意义的话。

当孩子说"不"、"我不做"时,父母应该尽量认可孩子的意见和想法;当孩子表现出坚定的意志时,父母也应该尽量支持孩子的选择。如果强行制止孩子的行为,孩子就容易变得过于依赖父母或反抗社会。只有当自己的想法、心情和意见被别人接受时,孩子才会产生"我也行"、"我来做"等自信心。在孩子的人生中,这些自信心将成为他宝贵的财富。

但是对于威胁人身安全的事情或伤害他人的行为,父母必须筑起高高的"围栏",明确地制止这些行为的发展。认可孩子自律性的同时,明确地制止不该做的事情,这才是教育孩子最明智的方法。

在现实生活中,不一定所有的孩子都能成为优秀的对话对象,只有不断地观察孩子的状态,关心孩子的情绪,你才能实现与孩子的深入沟通。因此,当孩子生气时,要及时地安慰孩子;当孩子受惊时,必须及时地关心孩子;当孩子忧郁时,要想办法让孩子开心……

总之,父母要注意跟孩子说话的方式,不要总是用教训孩子的语气与之交谈,那样会让孩子产生否定的情绪。

8.见招拆招,改掉孩子的坏毛病

5岁的宝宝最喜欢玩的游戏是"愤怒的小鸟",每天从幼儿园回来,顾不得洗手和换衣服,他就会把平板电脑打开。听着小鸟飞行时诡异的声音和小猪呵呵的傻笑声,宝宝常常玩得"废寝忘食"。妈妈担心长期下去,宝宝会沉迷于游戏中,而且影响视力,便多次规定他每次玩游戏的时间不能超过20分钟。可是,宝宝每次都会露出一副可怜兮兮的样子一拖再拖,他甚至会说:"我上了一天幼儿园,每天就只能趁回家时玩一会儿游戏,你就让我多玩会儿吧!"每当这时,妈妈便心软了。

一个周末,宝宝玩的时间实在太长,他眼睛酸疼,而且不停地流泪,但还是舍不得把电脑放下。妈妈终于发脾气了,一气之下把平板电脑没收了。本以为这样可以让儿子戒掉玩游戏的毛病,没想到宝宝竟然给姥姥打电话"告状",然后得意洋洋地对妈妈说:"姥姥说了,您再不把电脑还给我,她就去给我买个新的!"

成人尚且容易对电脑游戏上瘾,更何况孩子。

如果孩子对游戏上瘾,建议妈妈们不要动怒,因为越是强行不让孩子玩,孩子的逆反心理就会越强,甚至会影响亲子关系。这时,妈妈们可以先肯定孩子的游戏才能,比如说:"妈妈真没想到,你玩游戏这么厉害啊!我和爸爸学了好久都没学会!"孩子听了妈妈的表扬,肯定会非常兴奋。接着,妈妈可以说:"宝宝玩游戏能过这么多关,肯定特别严格地遵守游戏规则。妈妈相信你,不管是在游戏中还是游戏外,都能做到遵守规定。小朋友每天玩游戏的时间也是有规定的,时间久了眼睛就会难受,脑子反应也会慢,过关会越来越困难。现在,我们把电脑关上,歇歇眼睛吧!"当孩子乖乖关上电脑时,妈妈还可以趁热打铁,给他讲些规则的重要性。

"妈妈,我的玩具熊的小裙子破了,修不好了,您再给我买个新的吧!"4岁的豆豆对妈妈说。但妈妈接过玩具却发现,小裙子上的确是有条缝,可破裂处很整齐,更像是用剪子剪的。

"是不是你故意剪坏的,然后还骗我?"妈妈质问道。

"没有,它自己裂的,您爱信不信!"豆豆撅着小嘴,气鼓鼓地转身跑回了房间。

豆豆已经不是第一次这样做了,之前,她还故意弄脏过鞋子,剪坏过衣服,然后让妈妈给她买新的。"真不知道她是怎么想出这个办法的。即便我当面戳穿她,她也毫不在乎。她觉得,反正已经坏了,你就得给我买新的。"豆豆妈妈无奈地说。

面对孩子的破坏行为,妈妈们首先不要急于下定论:他就是故意的!其实,有可能是好奇心使然,孩子想看看玩具的内部构造是什么,或者想自己给娃娃换件衣服。孩子之所以会破坏一样东西,是因为他对它很感兴趣,迫切地想要研究一下。面对这种情况,建议妈妈们首先让孩子意识到破坏玩具的后果——有些玩具可能彻底坏了,再也修不好了,即便买了新的,也不会和这件一模一样。这样,孩子在想要动手破坏之前,就会仔细想一想,如果我不小心把它弄坏了,就再也没法玩了。

其次,妈妈们可以告诉孩子,不可能在一周内给他买同样的玩具,然后提议和他一起动手把玩具修好。这样不仅能够教会孩子懂得珍惜,还可以锻炼他的动手能力,增进亲子感情。

5岁的点点是个特别机灵的小男孩,平时在幼儿园的教学活动中,他总是反应最快,也是最调皮的一个。回到家,点点更是集众多宠爱于一身,6个大人围着他一个人转。

渐渐的,聪明的点点发现,自己的任何要求都能被满足,即便偶尔爸爸妈妈会拒绝,在爷爷奶奶那里也能得到满足。于是,他渐渐把姥姥姥爷和爷爷奶奶当成自己的"靠山"。犯错误了,他不等妈妈开口责备,先给爷爷打电话,因为他知道,只要爷爷一来电话,妈妈就不好意思说什么了;在幼儿园惹祸了,爸爸教训了他,他便在周末向奶奶告状,奶奶听后,自然会生气地质问儿子为什么吓唬孩子;想要新玩具时,就分别告诉姥姥姥爷和爷爷奶奶,看他们谁买的最漂亮……就这样,6个大人被一个孩子要得"团团转",有时还为此争吵不休。

其实,孩子并不是要故意引起家庭成员之间的矛盾,他只是在钻空子。正是因为家庭成员之间没有良好有效的沟通,教育方法不一致,才导致孩子出现这种情况。因此,不管是爷爷奶奶还是爸爸妈妈,在教育孩子时都应保持一致。父母们应该多个心眼儿,提前和老人做好沟通工作。这样,当孩子因为爸爸妈妈不能满足自己的要求而跑去哀求老人时,才会发现无济于事。

第五章

不拖拉：妈妈有时间观念，孩子才自律

1. 做个不拖拉的好榜样

对于7岁之前的孩子来讲，他们的行为习惯大部分都是从妈妈那里模仿来的，所以，如果孩子出现拖拉的坏毛病，妈妈肯定脱不了干系。如果想让孩子做事干脆利落，避免养成拖拉的坏习惯，妈妈就一定要为孩子树立一个做事不拖拉的好榜样。

深夜，一个危重病人迎来了他生命中的最后一分钟，死神如期来到他的身边。在此之前，死神的形象在他脑海中几次闪过。他对死神说："再给我一分钟好吗？"死神回答："你要一分钟干什么？"他说："我想利用这一分钟看一看天，看一看地。我想利用这一分钟想一想我的朋友和我的

亲人。如果运气好的话，我还可以看到一朵绽开的花。"

死神说："你的想法不错，但我不能答应。这一切都留了足够的时间让你去欣赏，你却没有像现在这样去珍惜，你看一下这份账单：你做事拖延的时间从青年到老年共耗去了36500个小时，折合1520天；做事有头无尾、马马虎虎，使得事情不断地要重做，浪费了大约300多天；因为无所事事，你经常发呆；你还总在工作时间和同事侃大山，把工作丢到一旁毫无顾忌；你参加了无数次无所用心、懒散昏睡的会议，这使你的睡眠时间远远超出了20年；你也组织了许多类似的无聊会议，使更多的人和你一样睡眠超标；还有……"

话还没说完，这个危重病人就断了气。死神叹了口气说："如果你活着的时候能节约一分钟，你就能听完我给你记下的账单了。哎，真可惜，世人怎么都是这样，还等不到我动手就后悔死了。"

在古老的原始森林，在草长莺飞的春天、草碧树绿的夏天、稻香满空的秋天，有一只寒号鸟整日东游西荡，还一个劲地向其他鸟儿骄傲地展示它一身绚丽多彩的羽毛。

随着隆冬将至，其他的鸟儿都各自忙开了：它们有的结伴飞到南方，准备在那里度过温暖的冬天；留下来的，就整天忙着积聚食物、衔草筑巢。唯独寒号鸟，浑然不把如何过冬当一回事。

转眼间，冬天来临，天气一天比一天冷，其他鸟儿都换上了厚密的羽绒新装，并待在温暖巢穴里。这时的寒号鸟，身上漂亮的羽毛都脱落光了。夜间，它躲在石缝里，冻得浑身直哆嗦，不停地叫着："哆嗦嗦，寒风冻死我，明天就垒窝……"

等到天亮后，太阳出来了，温暖的阳光一照，寒号鸟又忘记了夜晚的寒冷，于是，它又唱道："得过且过！得过且过！太阳下面好暖和！太阳下面好暖和！"

就这样,寒号鸟一天天地混着,过一天是一天,一直没给自己造一个窝。最后,它没能度过寒冷的冬天,被冻死在了岩石缝里。

一个做事慢吞吞的孩子,背后一定有个拖拖拉拉的父母,只有不拖拉的父母才能带出做事高效的省心孩子。那么,究竟要怎样高效率地带孩子呢?

7岁之前的孩子,尤其是两三岁的时候,出现拖拉的现象是很正常的。这时,妈妈要用鼓励来为孩子建立做事的自信心,帮助孩子远离拖拉。

身教大于言教,妈妈的一言一行都关乎孩子的良好行为与观念的养成。有的妈妈做事经常拖拉,今日完成昨日事,如此,传递给孩子的往往也是拖拉的印象,时间长了,孩子身上难免会出现拖拉的"行为遗传"。

"妈妈,我回来了!"小冬放学回到家,放下书包,从房间里拿出几个玩具,坐在沙发上准备玩。

"儿子,你的作业做完了吗?"妈妈问。

小冬说:"没有,急什么,我先玩玩再做也不迟。"妈妈觉得孩子说的也没错,就没再说什么。因为她平时也是这么干的,她下班回家后经常先是上网"偷菜",而不是做饭,常常老公回来了,她还没"开火"。

事实上,老公也是这样的人,他见厨房冷冰冰的并不生气,而是跑到妻子旁边,对她说:"你做饭去吧,我来玩玩。"妻子去厨房后,他就开始玩游戏。妻子一边做饭一边看老公玩游戏。小冬经常看到妈妈这样三心二意,做事磨蹭,自然也就养成了拖拉的不良习惯。

一个小时后,妈妈发现小冬依然在兴致勃勃地玩玩具,有些生气地说:"你还没写作业啊?这样拖下去,要拖到什么时候?难道要拖到明天早上做吗?"

小冬不以为然地说:"妈妈,急什么,作业不多,吃完晚饭,两下就做好了。"

　　妈妈是一个爱拖延的人，因此不觉得儿子的话过分，便不再催促他写作业。而且，马上就要吃饭了，吃完饭再写也可以。

　　吃完饭后，小冬很"自觉"地坐在电视机前，妈妈催他做作业，他不耐烦地说："急什么啊，动画片这么精彩，错过了多可惜！作业可以等下再做，动画片等下就没了。"

　　这时，小冬的爸爸发言了，他大吼道："马上去做作业，不许磨蹭！"

　　小冬见爸爸发火了，只好乖乖地去做作业，尽管他心里有一百个不愿意。

　　每个时间段都有不同的事情要做，如果孩子把这个时间段浪费掉了，不但完不成这个时间段里应该完成的事情，还会影响下个时间段要做的事情，这种恶性循环会一直持续下去，直至造成一连串不良的后果。

　　因此，妈妈绝不能让孩子拖延，应该让孩子明白：今天的事情今天做，明天又有新功课。在处理学习和玩的关系时，妈妈应尽量引导孩子先做作业再玩。当然，也可适当满足孩子玩的需要，但要掌握一个限度。只有这样，孩子才不会玩得过分，以至于忘了写作业。

　　如果妈妈是一个做事勤快的人，平时尽可能今日事今日毕，生活节奏快而不乱，那么，孩子自然会受到积极的影响。相反，如果妈妈在家中经常表现得懒懒散散，做事慢腾腾的，或耗费大量的空闲时间，那么，想让孩子自觉养成珍惜时间的习惯是很难的。妈妈是孩子活生生的榜样，应该以身作则，平时做家务时，要在保证质量的前提下尽可能提高效率；也可以把当天未完成的工作带到家里做，"充电"学习是很有必要的；当然，也可以通过练字、画画来打发空闲时间。总之，妈妈是否珍惜时间，行动最能说明问题。

2.拖拖拉拉的背后是厌学

拖延症已经成了很多学生的通病,明明两个小时能完成的作业,非得拖成四个小时。拖拖拉拉写不完作业,实则是学生们厌学情绪的借题发挥,在课业负担和妈妈监督的双重高压下,他们只能通过拖延的方式表达自己的不满。可是,如果这种情绪得不到及时调整,孩子的学习效率和成绩势必会受到影响。

张女士的女儿萌萌上了初中以后,就没有在晚上11点之前睡过觉。开始时,张女士以为是作业多造成的,可跟老师沟通后发现,老师留的作业并不多,有的同学在9点之前就能做完,但像萌萌这样耗到凌晨的也不少。后来张女士发现,女儿写得慢的原因在于"拖拖拉拉":虽然手中握着笔,脑子却开了小差,不知道在想什么,十分钟也写不完一道题。坐那儿还没半小时,不是起来喝水,就是上厕所,总之就是"坐不住"。但如果妈妈批评,孩子歪理还特多:"我这不是正在写吗?别催我,慢工出细活。"

"到家吃完晚饭坐在书桌前,那感觉就像坐老虎凳一样,虽然不情愿,但也没辙,每天必须完成的作业对学生来说没得商量,但先写哪科后写哪科却可以自由选择。"高二年级的小松对自己的拖延行为"供认不讳","所有同学都会先完成最喜欢学科的作业,而对于'抵触'的作业,则会留到最后再写——这有可能是半夜12点。我们早就困得上下眼皮打架,脑子也不听使唤,再碰上几道难题,耗上个把小时也是很平常的。"

虽然孩子们承认自己拖延,在网上还专门成立了"我们都是拖延症"的互助小组,但依旧摆脱不了拖延的毛病,究其原因,是孩子们自己"学到无望"。

孩子们白天在学校饱受老师高强度的"满堂灌",一天下来累得要命,晚上到家吃完饭还得赶紧完成作业。高二的小美说:"每天晚上光把作业往桌子上一堆,我就不想写了!各科的卷子如雪片一般,有一次,地理卷子仅序号就排到了16页,再加上其他科的作业,真让人绝望。甭管写快写慢,横竖都写不完,那还不如喝好饮料、吃好水果、调整好心情慢慢来呢。"

的确,学生面对海量的作业,首先产生的是抵触情绪,日子一长,从本能上,他们已经没有了"速战速决"的能力,甚至看到这一大堆作业后的第一反应就是"干完自己的事儿再说"。

有这种想法的学生绝不是个例。

李斌今年上初二,从上学期开始,他就没有12点之前睡过觉。每天晚上吃完饭,他趁着妈妈刷碗的工夫就开始"放羊":不是看电视就是上网玩游戏。妈妈一收拾完厨房,马上就会进屋催李斌写作业,这时,李斌虽然不能跟大人正面抵抗,却会找各种"合理理由"推迟写作业的时间:不是嚷嚷拉肚子上厕所,就是闹着太热要洗澡,总之,耗到"无事可做"的时候已经10点了,这才开始写作业。他说:"作业太多,就算7点开始写,也得写到12点,还不如前面轻松点,后面能写多少写多少。"对李斌来说,拖延就是一种无言的抵抗。

一首外国朋友创作的《拖延症之歌》以幽默的旋律和歌词描述了拖延症人群的生活,其经典歌词有"我先看集美剧"、"刷刷微博就睡"、"整天就坐在这里等,等待开始干活的好时辰","论文布置了1个月,非得到最后一周才开始动工;第二天要考试,非得到头天晚上12点才开始复习",欢快的节奏中说出了现代人在压力下养成的拖延习惯。

根据调查,有70%的学生存在学习拖延的现象,这个问题,固然与学生的惰性有一定关系,但各位妈妈更需要看到深层次原因:孩子厌学。

试想,如果妈妈下令让孩子外出游戏或上网随意聊天,孩子一定会马上执行,绝不拖延。只有让孩子做有抵触的事时,他们才会拖延。认清这一点,妈妈才能弄懂孩子拖延的原因。

明白了孩子拖延的根源,妈妈们就需要改改"催、催、催"的教育方式。不止一个妈妈反映:"我越让他快点儿写,他越磨蹭。"这倒也是人之常情。孩子已经够讨厌写作业这件事了,这时,妈妈还一个劲地催,孩子的憋屈劲儿就别提了,轻则"非暴力不合作",爹妈催着,自己耗着,重则逆反,亲子之间不欢而散。

对于有拖延症的孩子,让他舒心强于给他压力。学习考试是每位学生躲不过的升学之路,既如此,妈妈不如将这躲不过去的事给孩子说明白,让他舒舒服服迎接学业压力。拖延症就是学生厌学情绪的借题发挥,此时切忌高压强制孩子,否则只会适得其反。

3.不拖拉的孩子学习效率高

"起床!起床!快起来!快去洗脸!快去刷牙……"有一段时间,名为《妈妈之歌》的视频在网络上爆红,一位美国妈妈将催促儿女的话写成了歌曲,整首歌只听到一位母亲急切地催促:"快啊,快点啊,不然就来不及了!"

对于中国父母而言,"快一点"也是家庭教育里最司空见惯的口头禅。催多了,孩子和大人都觉得烦;不催,又担心孩子无法养成良好的习惯。对于陷入两难境地的妈妈而言,催还是不催,这是个问题。

一边是慢吞吞吃饭、慢吞吞刷牙、慢吞吞穿衣服的孩子,一边是着急上火的妈妈,孩子和大人一样,每天生活在大小诸事的催促之中。更让妈妈抓狂的是:你催得再狠,孩子还是慢悠悠的。为什么孩子和大人的节奏永远无法同步呢?

孩子之所以不觉得时间紧迫,是因为妈妈们从最开始就向他传递了一种"时间其实是够用"的观念。

妈妈们可以仔细想一想,就拿孩子上学来说,如果他7:30必须出门,妈妈们自己可能会将最后的时间限制在7:25。从7:30开始,妈妈们就不断地给他"放宽"时间:"我再给你5分钟,快点,要迟到了!"妈妈们之所以这样说,就是要让他快一些,可妈妈们却很安心,因为她们自己先留了一个5分钟的缓冲期。也就是说,即便孩子在7:25并没有做好准备,妈妈们依然能保证他在7:30出门。但这样一来,孩子就会感觉:原来时间永远都是够用的,妈妈说要迟到了,可我也没迟到啊!

针对这样的情况,妈妈们可以改变一下"催促"方法,和孩子就时间做一个约定。

小玲很磨蹭,做什么事都慢吞吞的,比如说吃饭,她会一直磨着吃不完。有时候,全家人连碗都刷完了,可她还在吃。后来,妈妈告诉她:"如果我们吃完饭之后你依然没有吃完,我就会直接收掉你的碗筷。"小玲对妈妈的话毫不在意,下次吃饭时,她依然很慢。

结果,当全家吃完饭之后,妈妈直接就将她的碗筷收走了。她的碗里还留着没吃完的米饭,以及她最爱吃的鱼肉。小玲吃惊地看着妈妈,妈妈却很平静地告诉她:"我已经提醒过你要注意时间了,如果你没有吃饱,那是你自己的责任。"

经过这一次事情之后,小玲吃饭的速度明显变快了,虽然有时候妈妈还是会收掉她没吃完的饭碗,不过她留在碗里的饭却越来越少。直到后来,她的吃饭速度终于和全家人同步了。

这样的时间约定会让孩子意识到问题的严重性,他会记住因为没有遵守时间约定而带来的教训,不会再抱有侥幸的心理。而且,他的这种记忆会非常深刻,从而对以前的一些做法做出积极主动的纠正。

虽然妈妈们都希望孩子能在自觉主动的情况下处理自己的事情,可心理学研究表明,孩子在七八岁之后,才会有能力管住自己。所以,在此之前,妈妈们的督促是很有必要的。

广州有个妈妈,她上五年级的儿子学习很不专心,写一个小时的作业要站起来7回,一会儿打开冰箱吃点东西,一会儿打开电视看动画片开始了没有,一会儿站到窗前看风景,不到10分钟就要动一会儿。这位妈妈看在眼里,急在心里,但她很擅长教育孩子。她对孩子说:"孩子,你很聪明,只要你肯努力,你肯定会有好成绩。但我刚给你看了一下,你学习一个小时就停下7回做别的事,是不是有点多啊?"孩子听了,有点不好意思,他自己都没意识到竟然站起来那么多次。这位妈妈最有水平的话还在后面,妈妈说:"孩子啊,我看你写一个小时的作业站起来3回就差不多了吧?"儿子想:妈妈挺宽容的,还让站3回,3回就3回。妈妈说:"军中无戏言,你要是能做到写一小时的作业站起来的次数不超过3回,那当天晚上6点的动画片,你可以随便看。"儿子一听特别高兴,以前看动画片的时候总是不踏实,就怕妈妈随时会来阻拦,现在可以随便看,当然很开心。妈妈又说:"先别着急,有奖励就有惩罚,如果你超过了3次,当天晚上的电视包括动画片就都不能看了,行不行?"孩子总是过高地估计自己,一口答应了下来。一个星期下来,儿子有3天做到了,这3天晚上,他都大摇大摆地坐下来看电视,很是自豪。但没做到的那两天,一到6点,他心里就痒痒的,总是条件反射似的想要看动画片。这时,妈妈就说:"男子汉,说话要算话。"说什么都不让他看。两种感受一对比,孩子以后在写作业时就非常注意了,知道只能站起来3次,要省着点用。一个多月后,孩子写作业的时候基本就不怎么站了。

孩子由慢变快是需要过程的,他的思维能力、身体协调能力都还处在发育之中,所以,他行为能力的发展也有待进步。而且做事时,他也许并不知道该如何安排先后顺序,也没有掌握好各种事情的基本技巧,简单些说,就是"手比较笨"。此时,妈妈们就要耐下心来,教他逐渐变快。

一般来说,孩子真正时间观念的养成,要到小学阶段才能具体表现出来,但训练却要从小抓起。

孩子3岁左右时,可以让他看时钟,时钟的转动会让他很开心。到上幼儿园的时候,就要让孩子知道不能迟到。为什么会迟到呢?就是过了时间。时间怎么会过了呢?可以告诉孩子,时间就像杯子里的水,过去了就像被喝掉了,喝完了就没有了,这时候就迟到了。慢慢地,孩子开始对时间有一些模糊的概念:时间会被消耗掉,去了就没有了。这种对时间特性的理解会随着孩子年龄的增长进一步加深。再大一点的孩子,可以用秒表加强他对时间的认识,看着数字不停地走,他就会意识到时间在流逝。

妈妈要帮助孩子明白在某个时间段里,最重要的事情是什么,优先安排重要的事情。比如,孩子吃饭的时候想要问种子是怎么发芽的,你就可以告诉他现在是吃饭时间,提醒他在这段时间里最重要的事情是什么,其他的事情要等到吃完饭以后。再如,一般来说,孩子都很不乐意做作业,但这件事很重要,要拿最有保证的时间来完成,之后可以用弹性时间来做一些他喜欢做的事情。比如,一个小时做完作业,就可以用剩下的时间来看动画片。借着这些平时一点一滴的训练,可以渐进地帮助孩子意识到事情的重要性是可以排序的,从而使他避免养成拖拉的习惯,提高做事的效率。

4.没有天生"懒惰"的孩子

有的小孩每次劳动都会想方设法偷懒,不愿动弹,写作业也总是拖拖拉拉、偷工减料,惩罚批评都无效果,急得妈妈没办法。但事实上,没有"教不会"的孩子,却有"不会教"的大人;没有天生"懒惰"的孩子,却有"懒得教"的大人。而这个"懒得教",并不代表不爱孩子,可能是没时间、太费事、不忍心等大家都很熟悉的理由。这个"懒得教",会让孩子养成依赖的习惯,慢慢转成懒惰,让孩子错失获得解决问题能力的机会。

5岁的鹏鹏已经上幼儿园了,但他很多事都不能自理,而且非常懒惰。他进门要妈妈抱着,包也要妈妈帮忙(背包里只有一个便当盒);要换室内拖鞋的时候,鹏鹏只需要把脚抬起来,妈妈就会帮他把鞋换好;放学时,鹏鹏一看见妈妈来了,就把背包丢在地上,这时,妈妈会捡起背包,帮他提着。

老师问鹏鹏为什么不自己拿,他说那是妈妈的工作,书包很重,他不想提。其实，妈妈不只给鹏鹏提书包，也给鹏鹏8岁的哥哥提。老师问妈妈为什么不让孩子自己做，她说孩子还小，想让他们有充足的精神，回家以后可以多看书，多做几道题，变得更加聪明。鹏鹏在学校的表现真的很聪明吗？

的确，鹏鹏是唯一一个5岁就能把九九乘法背得滚瓜烂熟的孩子，但有好长一段时间，他无法自己穿外套、穿鞋子、整理午餐桌。他总是试了几下后就放弃了，然后等着老师来帮忙。他能念二年级孩子的书，却无法自己想办法剪图形、粘造型。他的手指头像不听使唤一样，弄得他这个做不成、那个也做不完。所以，他总是说："我不会，请帮我。"超龄的数学表现和阅读能力并没有让这个孩子更快乐、更自信。

鹏鹏缺乏生活自理能力，让他变成了自己的负担，他"相信"自己不会做，"确信"别人必须帮他做，所以他总是依赖他人。慢慢地，"依赖"成了习惯，而习惯会像织布机一样，慢慢织成"懒于行动"、"惰于尝试"、"都是别人造成的"等行为举止、思考模式，甚至是人格的一部分。

反观7岁的小安，他的爸妈虽然离婚了，但不管是谁带这个孩子上学，从上学的第一天起，他们就让他自己提书包、换室内鞋。小安也常常对老师说："今天的午餐豆荚，是我昨天晚上和妈妈一起剥的。"

小安很会"做家事"，这样的能力很重要吗？确实，看看下面的例子，想想小安处理问题的思考模式和习惯，我们就不难理解，为什么让孩子做家事能够培养他解决问题的能力。

3岁的贝拉使尽全力压切苹果器，无奈她力气不够，所以找小安来帮忙。小安压了半天，还是不成，他叹了口气，但想了想后突然说："我想到方法了!那天我爸爸教我锯小木条,我想我只要把这个东西像拿小锯子一样来来回回摇动,应该就可以成功了。让我再试试看。"结果果然成功了。小安的"想办法、不放弃、试试看",就是他的思考模式和态度。小安无数的家事经验让他有丰富的经验来做创造性的连结,进而以创造性的连结来解决眼前的难题。所以"做连结"是创造力实践的第一步呀!

小安有点阅读障碍,他在学习抽象符号上要比同龄的孩子花更多的精力。因为他很擅长影像类的说明和记忆,老师就以特殊的影像方式来引导他。而在这过程中,有趣的是,小安常常会顺应着老师的方法,自行创造出另一个方法,这个方法更适合学习。比方说,老师要他用手指头在珠串上以划线的方式,数算几十的数(比如说50);以划点点的方式,数算十几的个位数(比如说15的5)。做了几次后,小安自己用闭上眼睛的方式,在空中画串珠(线和点),效果好极了。老师问他是怎样想到的,他说:"我也不知道,但我知道要一直试,不要放弃。"

从小安的身上,妈妈们能够看到,培养幼儿的自理能力,可以增强孩子的自信心,实实在在地培养孩子解决问题的能力和动机。相对的,从鹏鹏的例子中,妈妈们也应该警惕:没有天生"懒惰"的孩子,只有"懒得教"的大人,两边要付出的代价都很大。

勤奋永远是成才的钥匙,永远是成才的第一推动力。具备了勤奋这种可贵的品质,你就等于拥有了成功的一半。所以,爸爸妈妈们一定要纠正孩子身上懒惰的恶习,培养孩子勤奋的美德。

5.树立孩子的时间观念

著名心理学家埃里克森认为,在幼儿阶段,如果孩子得到自我管理的机会和支持,他们就会发展出自主性、独立行为的能力和意志力——自由选择和自我控制行为的能力。

六到七岁的时候,大部分孩子已经学会了认识钟表,并对时间以及与时间相关的规则有了一定概念,比如看懂课程表,知道作业完成和上交的期限等。对于那些早就对权力和控制问题比较敏感的孩子来说,他们完全有意愿和能力自由支配本就属于自己的时间。

如果孩子的时间能得到自主管理,他们的自主感相应地也会得到进一步增强。然而,妈妈经常会出于担心孩子迟到、害怕孩子浪费时间等方面的考虑,不厌其烦地跟着孩子,马不停蹄地催促孩子。孩子几乎失去了对所有时间的自主支配权,晚上睡觉得听大人的,早上起床需要大人提醒,做作业更需要大人守护。长此以往,孩子很可能会迷失自我,找不到自我存在感。

柳儿刚上小学的前两周,由于起床时间比上幼儿园时早,大多数时候不能自己按时醒来,需要大人叫才能起床。同时,由于每天的作业会挤占一部分时间,所以练钢琴和画画就需要打破以往放学回家就开始的规律,只能等到做完作业或者吃完晚餐以后进行。刚开始的时候,她需要大人提醒才能想起这些事情来。

这样持续了大约半个月以后,妈妈发现柳儿的时间观念和自我管理能力有些退步,还不如幼儿园阶段。于是,她开始寻思如何做才能让孩子有所改观。一天,她碰巧在微博上看到了一位妈妈分享的一个好办法:给孩子买一个闹钟,作为定时器,到点自动提醒孩子。

没过几天,妈妈就带着柳儿一起到超市选了一款她很喜欢的"米妮"闹钟。回家以后,妈妈立马教柳儿学会自己给闹钟定时,只要把时间调好,闹钟就会及时提醒。从未自己使用过闹钟的柳儿,对自己挑选的这个闹钟非常喜欢,无论做什么事情,她都会提前调好时间,只要闹钟开始"呼唤",她就立即开始行动,绝不磨蹭。

每一个人的时间感都是不一样的,如果人们的主观时间跟客观时间不一致,就难以对完成一件事情的最后期限有一个合理的预期,对自己可以用多少时间将事情做完没有比较清晰的概念。这也是导致人们拖延的一个重要原因。孩子的认知能力远不及成人,在完成一件任务的过程中,更加难以准确把握时间的进度。尤其是做作业时,经常会出现一些小状况,比如铅笔断了需要重新削,默写汉字时把笔画写错了,读英语时把单词读错了,等等。如果孩子过于纠结这些细节,就会花很长时间才能完成作业。

柳儿刚开始上学的一个月左右,大多数时候都能在比较短的时间内完成家庭作业。但有时也会在做作业的过程中因为一些小事而耽误很长时间。后来,老师和柳儿妈妈商量了一个办法来纠正她的这个不良习惯。每天放学回到家以后,妈妈会翻开家校联系册,根据当天老师布置的作业量,预估完成作业所需时间。当时间过去一半时,妈妈会提醒她一次;还剩十分钟时,会再次提醒她;还剩五分钟时,会最后提醒一次。经过一段时间的对比,妈妈发现,柳儿完成作业的效率在逐渐提高,对于出现的很多小状况,她也能快速处理。

仔细观察和分析喜欢拖延或磨蹭的孩子就会发现,他们大多数时候是不受时间限制的,做很多事情都没有时间约束。在始终感觉自己拥有充足时间的情况下,孩子们不容易集中自己的注意力去完成一件具有紧迫性的任务。

不受时间限制的主观感觉所产生的后果,既可能是积极的,也可能是消极的。当孩子玩电子游戏或看电视时,就容易感到自己进入了一个不受时间限制的领地,似乎可以超越时间的边界。虽然不受时间限制的感觉会在挥霍的那个当下让人感觉很愉悦,身心很舒畅,但因此而落下的很多事情仍然会把我们拉进现实,让人尝尽拖延或磨蹭的苦头。

限时法是一种可以帮助孩子在一定时间内集中注意力的好方法。在日常生活中,很多事情其实都是可以给孩子设立时间限制的。比如,小时候出去玩的时候,妈妈们可以事先跟孩子商量一次玩多长时间就要回家,到点就按照约定执行;吃饭的时候,可以约定一顿饭最长可以吃多久,到时间就收走所有饭菜;完成每天的作业和其他任务,同样可以根据当天的具体任务跟孩子约定一个完成时限。

一般来说,喜欢拖延的人都没有比较明确的目标和方向,甚至常常抱着"得过且过"的心态过日子,做任何事情都是"走一步看一步"。即使他们设定目标,往往也是模棱两可的目标,更没有可操作的措施和清晰的步骤。

不管妈妈们设定的目标是大还是小,达成一个目标基本都需要一步一步来,分解成几个小的、明确的步骤。当目标得到明确、任务得到分解以后,妈妈们还需要为每一个阶段的目标和任务设定完成时限。有了具体任务和完成时限,妈妈们的目标感就会更强,孩子也一样。

6.不做"完美主义"孩子

人们都为维纳斯的美而慨叹,断臂后的维纳斯更加接近于黄金分割点,由此看来,完美是从残缺中寻得的,或者干脆说这个世界根本就没有所谓的完美,人更是如此。许多问题不是人力可以改变的,例如生长环境、容貌等。人们的审美观也不尽相同,对同样的一件事情,有的人认为是正确的,有的人却认为是错误的。

许多时候,孩子的一些合理行为或者举止会遭到大人们的拒绝或误解,如果孩子因为这样就怀疑自己或者怀疑身边的人,是非常不值得的。自卑会让孩子失掉自己的立场。因此,妈妈要让孩子知道:为了环境而改变自己是非常幼稚的行为,因为一个人生下来,是为了改变环境。

在偏僻的乡村里,生活着相依为命的祖孙俩。这一天,他们一起到附近的镇上买了一头小毛驴,因为回家的路程很远,所以回去的时候,爷爷骑着毛驴,孙子跟在后面。这时遇见了一位妇人,她指责骑着毛驴的爷爷说:"你这个当爷爷的真自私,自己骑着毛驴,那么小的孙子却走路。"老人觉得妇人的话很有道理,于是从毛驴身上下来,把孙子扶了上去。

祖孙两个人就这样又走了一段路,遇见了一位老人。老人看见祖孙俩的情形,指责孙子说:"你这个年轻人真自私,你爷爷年纪大了你还让他徒步行走,自己却坐在毛驴身上。"此时的孙子觉得老人说得很有道理,便和爷爷一起骑着毛驴回家。

走了一段路,又遇见了一个饲养毛驴的人。养驴的人看见了祖孙俩骑一头毛驴,心中很气愤,指责他们说:"你们祖孙俩骑着一头那么瘦小的毛驴,真是狠心,难道毛驴就不会累吗?"这时的祖孙俩已经不知道该如何是好了,只好都下来走路。

再到后来,他们又遇见了一群年轻人,年轻人觉得这祖孙俩都是傻瓜,嘲笑他们说:"有毛驴却还要靠自己的脚走路,从来没有见过这样的傻瓜。"祖孙二人听了觉得也有道理,但此时的他们不知道该怎么办,无论怎样都会受到指责,于是两个人索性一起抬着毛驴回家。

祖孙俩抬着毛驴经过一条河的时候,不小心把毛驴掉进了河里,毛驴被湍急的水流冲走了,祖孙俩最终一无所获。

其实,别人的意见和看法只是一时的有感而发,而且每个人的身份不同,看待问题的角度自然也不一样。祖孙俩失去了辛苦购买的毛驴,最重要的原因并不在于那些路人,而在于他们自己。

朋朋写作业非常慢,他一边写一边擦,别的小朋友用一个小时就能完成的作业,他需要四五个小时。这不是因为他不会做,也不是因为他写得慢,而是因为他写的字稍微有一点不满意,他就会全部擦掉重新写。所以花费的时间很长。

遥遥也有类似的情况,自己写作业时要求特别干净,如果有一点不满意,就会把整篇作业擦掉重新写。

从心理学角度来讲,人人都希望自己能成为一个被欣赏、被肯定的人,希望自己获得世人的肯定和瞩目,但在希望之前,我们先要认真地思考自己对自己有多少信心。对自己有信心的人,是不会被别人的意见所左右的,因为不论是谁,都不可能让所有人满意。没有人是完美无缺的,当别人怀疑你的时候,错的不一定是你。

所以,妈妈要让孩子明白,充满自信地坚持自我是每个人必须拥有的素质。让孩子知道,做事是为自己而做,自己满意就可以了,或者能让一些人满意就够了,没有必要太苛求自己。只要尽力,不管是否成功,自己能感到快乐、幸福就好。

7.教孩子每天做事有计划

有备无患,凡事预则立。多小的事情,都要让孩子有做计划的意识,这道工序不是简单的程序,不仅是锻炼孩子做事严谨的一种手段,也是让孩子具备独立的思考能力、处理能力的机会,是让孩子更好地解决问题的重要前提。

做事有计划,不仅能帮助孩子有条不紊地照料自己的生活,也能帮助他们更好地学习和处理各种事情。那些取得杰出成就的人,常常得益于做事有计划。

小到身边的点点滴滴,大到一生的目标追求,计划都是不可缺少的。做事有计划不仅是一种习惯,更反映了一种态度,它是能否把事情做好的重要因素。

珂珂是奶奶带大的,奶奶对她十分了解。刚上小学时,珂珂常常是想起什么做什么,做不到三分钟,又想做别的事情。结果所有事情都是乱七八糟的,没有一件事情能做好,有时候还会把奶奶折腾得焦头烂额。

有一天,珂珂正在看电视,见电视里的小朋友玩电动娃娃,就跟奶奶嚷着要电动娃娃,非要奶奶去买不可。奶奶费力地买回电动娃娃,珂珂只玩了一会儿，又跟奶奶说要画画。奶奶翻箱倒柜找出画笔和纸，她胡乱涂了两下，又说要吃巧克力，逼得奶奶不得不再次下楼。那一天，奶奶楼上楼下跑了十多趟，腿都软了。奶奶想，珂珂这样想一出是一出可不行，一定要让她学会做事有计划，不然在学校里麻烦会更多。奶奶没退休的时候曾经在图书馆工作，对于查资料非常在行。奶奶觉得需要让孩子学会系统思维，把一天要做的事情理清楚，然后提前做好方案，并且按照方案去做事。

于是，每天晚上睡觉之前，奶奶都会来到珂珂房间，问她明天准备做些什么。刚开始，珂珂总是摇头："等明天再说吧。"奶奶做珂珂的思想工作，说："明天再说可不行，如果你明天想吃冰淇淋，奶奶买不到怎么办？你把想做的事情都提前想好了，明天奶奶好替你安排。"听奶奶这么一说，珂珂开始认真去想，但总是想起这个忘了那个，不够全面。奶奶说："这样吧，今天奶奶先帮你计划一下，明天晚上你再照着奶奶的计划想后天的。"珂珂也觉得这样比较好，就答应了。接着，奶奶帮珂珂制订了第二天的计划：早晨8点起床，10分钟穿衣服，收拾卧具，10分钟刷牙洗脸，20分钟吃早餐。吃完早餐正好可以看半个小时动画片……奶奶说着，珂珂听着，小脑袋一个劲儿地点。

第二天，在奶奶的监督下，珂珂有计划地做了一天事情。晚上睡觉的时候，奶奶问她："珂珂，这样有计划地做事是不是很好？"珂珂由衷地点头。奶奶接着说："那好，现在你就把明天要做的事情想好，然后告诉奶奶。"珂珂想了一会儿，把第二天想要做的几件事罗列了出来，然后把每天需要做的事情加在一起，就形成了一张计划表。

后来，珂珂渐渐养成了晚上睡觉之前把第二天要做的事情想一遍的习惯，她现在已经不用奶奶提醒了。

开学以后，珂珂做事有计划的习惯依然保持着，还竞选上了班里的生活委员。班里的很多活动都由她来安排，而且安排得井井有条。因为珂珂做事有计划,时间利用率很高,虽然与学习无关的工作很多,但学习成绩依然很好。说起这个,奶奶从心底里高兴,这都是计划做事的结果,而要想让孩子学会计划做事,就得让孩子先有系统的思维。

在日常生活中,做家长的要向孩子强调计划的重要性,并让孩子制订各项行为的计划。当然,制订这些计划的时候,父母一定要参与进来,因为孩子年龄小、自制力差,父母参与进来能够起到监督作用,有助于孩子实施计划。

小珍是个很听话、很懂事的孩子,知道为自己制订生活、学习计划,也能很好地落实计划。可妈妈发现,尽管如此,小珍的一些事情还是做不好,至少不能令她满意。这到底是为什么呢?妈妈通过认真观察,发现小珍的一些计划本身就有问题,标准不高,或是缺乏合理性。计划错了,怎么能把事情做好呢?于是,妈妈开始规范小珍计划做事。

每天晚上,妈妈都要找小珍谈心,让她好好想一想,今天有哪些事情做得比较满意,满意在什么地方;哪些事情做得不满意,为什么不满意;哪些事没有做好,甚至很糟,为什么会这样。妈妈的做法让小珍开始认真思考。然后,妈妈又进一步引导,帮助小珍找到了做事满意或者不满意的原因。小珍开始只能勉强说出改进的方法,而且很多都不合理。但妈妈还是点了头,并说:"小珍,以后你就要这样,每天晚上睡觉之前都要把一天的事情好好想一遍。如果有的事情做得不够好,找出原因,然后想出以后避免这些问题的方法。这样,你做事情就会越来越好,自己也会越来越满意。"

坚持做了几天,小珍体会到了从未有过的成就感。原来,别人的表扬可以让人快乐,自己对自己满意更让人感到幸福。看到自己一步一步越来越完美,那感受真是妙不可言。

从那以后,小珍坚持每天晚上睡觉之前都要对自己一天所做的事情进行检查反思,然后把问题记在日记本上,并写明以后遇到这些问题应该怎么处理。渐渐地,小珍就养成了每日检查反思的习惯。后来,她做任何事都会一边做一边检查,发现问题,及时修正。结果,小珍的学习成绩迅速提高,同学关系也处理得很好,在家里做事也让妈妈非常满意。妈妈高兴极了:"现在我的女儿才真正学会计划做事了,因为她知道要随时检查修正自己的计划。计划正确了,再认真落实,事情自然会做到好上加好。"因此,妈妈认为,检查反思的习惯是计划做事的保证。

做事有计划,是一个人工作、学习、生活的良好习惯,也是一种积极的生活态度。妈妈应该从小对孩子进行培养,让他们养成系统思维、计划落实、检查反思的良好习惯。

第六章

善肯定:培养自信比纠正错误更重要

1.培养自信比纠正错误更重要

孩子的自信,对自己作为一个人的价值的肯定,从根本上讲来自父母无条件的爱。

什么是无条件的爱?当孩子来到这个世界上,有些父母会对孩子说:"宝宝,无论你以后是健康还是病弱、聪明还是愚笨、听话还是捣蛋、漂亮还是丑陋、学习成绩好还是差,爸爸妈妈都会永远爱你,养育你直至你成为独立自主的人。"这就是无条件的爱。仅仅因为你是我的孩子,所以我爱你,和你是个什么样的孩子无关。

如果父母的爱是有条件的:学习好了,爸妈才会满意;奥数比赛得奖了,爸妈才高兴……孩子就会怀疑自己,对自己失去信心,并学着戴上势利的眼镜去面对爱与关怀。

自信来自自尊，自尊是一个人对自己的自我价值的肯定，是外部环境无法撼动的自我认知。

自尊最初是来自外界对孩子的尊重。要想孩子自信，首先父母和社会要尊重他。美国学校一直强调"鼓励教育"、"尊重教育"，就是希望学生们建立起正面的自我认识，不因和其他人长处的比较而自卑，意识到每个人都是独特的个体，都拥有自己的闪光点：也许学数学不开窍，但是人缘好，有领导才能；也许作文不行，但是画画好，有艺术细胞；也许不善表达，但是体育好……老师和父母要帮助孩子找到他的长处，并创造机会让他的长处得以发挥，从而确立自信。

施雯从小到大都是学习尖子，高考考上了北大生物系，后来又在普林斯顿大学拿到分子生物学博士，毕业后在赫赫有名的大制药公司里工作。在公司里，施雯常常感到窝火，因为那些美国同事技术知识都远不如她，却个个自我感觉极好，张口就是"我对这个问题的理解是最深刻的……""我使这个课题有了突破性的进展……"而她却总是在找自己的不足，开会时从来没有勇气说出自己做得多么好。等到她自己的孩子上学了，她参与了学校的活动，才真正体会到美国父母和老师对孩子的尊重。孩子班上有个脑子明显有毛病的同学，经常十道题只能做对一道，这时，老师马上会让他到前面将那道做对的一道题算给大家看，大家会一起鼓掌鼓励他继续努力，没有丝毫的讽刺挖苦。这种环境中长大的孩子能没有自信吗？

在西方社会，父母会把小孩当做大人一样来尊重：父母进入孩子的房间要敲门；移动或用孩子的东西要得到他的允许；任何牵涉到孩子的决定都会先和子女商谈；不随意翻看孩子的日记或其他隐私……因为他们知道,一个不被尊重的孩子不仅没有自信,他以后也不知道尊重别人。

每个人在心理上都有获得肯定与赞赏的需要,如果一个孩子感到自己是被别人赏识的,那他就会自然而然地产生愉悦、自我肯定的感觉,他的心里就会充满自豪和自信,觉得自己很优秀很特别。相反,如果孩子平时听到的都是训斥、挑剔、责备甚至挖苦,一个小小的过错就被父母抓住不放,没完没了地进行批评,他就会觉得自己很失败,否定自己的能力,产生自卑心理,进而失去对学习和生活的热情。

妈妈们的常常会有意无意地否定孩子的感觉,说出不信任孩子的话语,比如孩子说太热了,不想穿外衣,妈妈会斥责孩子:"热什么热?妈妈一点都不热!"孩子想帮忙端盘子,妈妈马上会说:"你端不稳,别把盘子给打了!"甚至孩子成年了,要找对象,妈妈依旧不放心孩子的眼光。在这样的环境下长大,孩子的自信从何而来?

妈妈应该信任孩子的感觉和判断,给孩子机会去尝试任何他想尝试的事情,这样才能帮助孩子树立起自信。

2.尊重孩子从小事做起

良好的亲子关系,不是孩子惧怕妈妈,而是妈妈与孩子相互信任、彼此尊重、共同成长。有了信任,孩子才能像朋友一样对你倾诉;有了信任,孩子才会在第一时间毫无畏惧地向你求助;有了尊重,孩子才会把你的信任与期待记在心上,并且化为动力。

世界各国学者的研究表明,很多人在青少年时期和成人后出现不能适应社会、人格障碍、精神疾病、违法犯罪等一系列问题,在很大程度上与早期亲子关系不和谐有关。

在保险公司任经理的严之然和在商店做售货员的妻子及11岁的儿子严成成本是一个和谐幸福的三口之家,但发生的一件意想不到的小事却打破了这个家庭生活的平静。

正在小学读五年级的严成成已经连续3个月一回家就把自己关在房里了。这段时间,他几乎没有和父母说过一句话。

大约是半年前,严成成从外边捡回了一只受伤的小兔子。看着快读中学的儿子那么热心于给兔子包扎、喂食,甚至抱着兔子睡觉,严之然夫妻就无名火起。"这都什么时候了,小升初多重要啊,你还养宠物?"

"爸,妈,你就让我留着兔子吧,不会耽误我学习的。"每每这时,严成成都会低声哀求。

严成成的确遵守了承诺,但严之然还是怎么看那只兔子都不顺眼,"养兔子还像个男孩吗?"于是,一天,夫妻俩趁孩子不在,偷偷把兔子送给了来串门的乡下亲戚。

严成成回来看到兔子不在了,哭得很伤心,然而给他致命一击的是,当他赶到亲戚家,却发现对方已经把兔子杀来吃了,还把兔皮拿给他看。

如今,3个月过去了,眼见儿子真把自己当仇人了,严之然夫妻这才着了慌。但他们也百思不得其解,不就一只兔子吗?值得这样吗?这孩子是不是有什么心理问题?

显然,孩子长大懂事以后,会开始思考这个世界,思考他所遇到的每一件事,并逐渐产生自己的想法和观点。父母和孩子的世界确实不同,但孩子在成长过程中却一直在向父母靠近。这时,父母应该尊重孩子的想法,理解孩子的心情,倾听孩子的诉说,宽容孩子的行为,在孩子想要发

第六章 善肯定:培养自信比纠正错误更重要

表自己的想法和观点时,给予积极的赏识和尊重。赏识和尊重孩子的想法与行为,不仅可以进一步锻炼孩子的思考意识、表达能力和做事本领,还可以通过倾听孩子的观点,发现和了解孩子的真实想法,从而纠正孩子成长过程中的一些错误行为。

初中生晓海给人的印象很老实,一点也不像那种调皮不听话的学生。他来到班主任办公室,一直没敢看老师的眼睛,坐了很久才说:"老师,我想退学。"停顿了下又说:"我觉得太累了,所以不想学了。"

老师问:"你爸妈同意吗?"

他想都不想地回答:"不知道。他们也许乐意。"

老师说:"你最好和爸妈谈谈。"

他摇了摇头,说:"我们没有什么好谈的。"

通过家访,班主任了解到,晓海读小学三年级时,转到了父亲工作的学校就读。当同学们知道他父亲是老师后,有时反而会欺负他。因为性格内向,他没交到什么朋友,一直感觉很孤单。考不好时,任课老师会直接告诉他父亲。这让他父亲感觉很没面子,继而会狠狠地批评他。开始时,晓海还会听从父亲的教导,后来就索性跟父亲顶起嘴来。父亲更加恼火,于是,亲子关系越来越僵。

当被问到为什么抵触父母时,晓海说:"我讨厌他们什么事都替我做决定,尤其是我爸爸。我一直在想,他们是不是真的关心我。我来这所学校上学,是我爸爸一手包办的,我成绩不好,他觉得我给他丢脸了。"

纵观四周,不少父母都像严之然或晓海的父亲一样,不太关心孩子想什么、爱什么,忽视孩子的感受和情感需求,甚至压制孩子的想法,粗暴干涉孩子的做法,总是以父母的思维来要求孩子。如在与孩子沟通的过程中,这样的话语耳熟能详:"你这样不行!""我说的话没错,你得听我的！""不听老人言,吃亏在眼前。"

　　孩子得到关心和爱护,获得爱和尊重的体验,就会心情愉快、身心皆健,在情感上有足够的温暖和归属感;反之,则会影响孩子的发展,甚至会毁掉孩子一生的幸福。而营造温馨融洽的家庭气氛,其主动权很大程度上掌握在父母手上。父母对孩子的抚爱和关怀会毫无遗漏地流入孩子的心田,深深印在孩子的心间。爱,是永远不会被忘记的。

　　尊重能给孩子建构一个完美的人格,而信任能给孩子愉悦和满足,提升幸福指数。因此,妈妈在教育过程中给予孩子充分的尊重和信任是最为重要的。

3.肯定孩子的每一分努力

　　从前,有一个小男孩认为自己是世界上最不幸的孩子,他因为患脊髓灰质炎而跛了一条腿,牙齿也参差不齐。他很少与同学们游戏或玩耍,老师叫他回答问题时,他也总是低着头一言不发。

　　一年春天,小男孩的父亲从邻居家要来了一些树苗,他想把它们栽在房前的院子里。他把孩子们叫来,让他们每人栽一棵。父亲对孩子们说,谁栽的树苗长得最好,就给谁买一件最喜欢的礼物。小男孩也想得到父亲的礼物,但看到兄弟姐妹们蹦蹦跳跳提水浇树的身影,突然萌生出一种想法:希望自己栽的那棵树早点死去。因此,浇过一两次水后,他就再也没照顾过自己栽种的树苗。

　　一周过去了,小男孩再去看他种的那棵树时,惊奇地发现它不仅没有枯萎,还长出了几片新叶子,与兄妹们种的树相比,似乎显得更嫩绿、更有生气。父亲兑现了他的诺言,为小男孩买了一件他最喜欢的礼物,并对他说:"从你栽的树来看,你长大后一定能成为一名出色的植物学家。"

从那以后,小男孩慢慢变得乐观向上起来。

一天晚上,小男孩躺在床上睡不着,看着窗外明亮皎洁的月光,忽然想起生物老师曾说过,植物一般都在晚上生长,何不去看看自己种的那棵小树呢?当他轻手轻脚来到院子里时,看见父亲正在用勺子给自己栽的树苗浇水。顿时,他明白了,原来父亲一直在偷偷地为自己栽种的那棵小树施肥!他返回房间,禁不住泪流满面。

几十年过去了,那瘸腿的小男孩虽然没有成为一名植物学家,却成为了美国总统,他的名字叫富兰克林·罗斯福。

孩子因为年龄小,心智发育不成熟,还没有自我评价的意识和自我认知的能力,他们对自己的认识和判断往往来源于成人的判断。这个时候,父母给予孩子信心和信赖就显得非常重要。

然而,在赏识教育普及的今天,仍有不少父母喜欢批评孩子,或者说批评多于表扬。当孩子接受到父母的批评及否定的信息时,内心就会变得十分敏感,时间一长,孩子在妈妈的批评与否定中就会变得懦弱谨慎、优柔寡断,越来越胆小自卑。久而久之,他们将不再相信自己,在心理上产生一种消极的情绪。当自卑感像根一样植入孩子的心灵,并影响孩子的行为时,自信在他身上将荡然无存。

父母口头教育上的失误,往往会影响孩子正常的心理发展,甚至会影响孩子的一生。给予孩子适当的鼓励,能够让孩子在今后面对各种事情时充满信心。

一位美国教育专家来到一所小学,经过简单的测试,选出了几名神童。当这几个孩子知道自己是神童后，兴高采烈地告诉了自己认识的所有人。几年后，专家再次来到这所学校，老师们反映这些孩子各方面都非常优秀。可专家却说："其实，所谓的神童，不过是我随意选出来的，那只是我的一个心理测试。"老师们听后呆住了。专家解释道，大家的一致肯定大大增强了那几个孩子的自信心，进而提高了他们的行为表现能力和实际成绩。

对天真无邪的孩子来说，肯定和赞赏是他们成长的最好养料，它可以激活孩子的潜能和天赋，点燃孩子自信和成功的火焰，激励甚至是改变孩子的一生。所以，为了孩子，妈妈千万不要吝啬自己的赞美之言，在孩子付出努力时，及时给予孩子肯定，让孩子获得成就感，从而更加努力向上，更加富有责任感！

4.善于发现孩子的潜力和优势

因为学习成绩不好就对一个人加以全盘否定，甚至认为他的一生注定是个失败者，这种想法是极为狭隘的。

人的能力千差万别，有的孩子数学、语文成绩不好，但如果让他跑马拉松，比谁都强；有的孩子擅长漫画；有的孩子则擅长讲笑话。但是，这些能力都得不到学校和家长的认可，他们只是一味地重视所谓的"成绩"，这就导致了孩子的"心灰意冷"。

第六章 善肯定:培养自信比纠正错误更重要

爸爸在大伟六年级的时候给他报了一个吉他兴趣班。开始的时候,大伟并不适应吉他班的氛围,入门也很慢。可慢慢地,大伟喜欢上了吉他,弹得也很不错,吉他老师也觉得大伟在这方面很有潜力。

大伟的吉他越弹越好,这时候,妈妈却害怕课余时间弹吉他会耽误大伟的学习,于是在没有征求大伟同意的情况下把吉他兴趣课给停了。为此,吉他老师也劝过大伟的妈妈,可大伟的妈妈就是觉得孩子好好学习正课才是最重要的。

每个孩子都有自己独特的地方,都是不同的。这不同不仅仅表现在发展能力的差异上,比如,有的孩子擅长演讲,有的喜欢数学,而有的则喜欢演唱歌曲、参加运动,还有的喜欢与人交往,还表现在发展速度的差异上。孩子会按照自己特有的时间进程发展,比如,所谓"神童"就属于智力开发早的孩子,而有的孩子小时候则显得十分"木讷"。

你的孩子大概属于哪一类型呢?他是喜好看书、写作、听故事、朗读,还是喜欢提出问题、解决数学难题、进行逻辑推理?他是喜好聆听音乐、创作歌曲,还是喜好模仿表演、手工制作、身体运动?抑或是更擅长与别人打交道,人缘特别好呢?

可能有些妈妈会说:我的孩子到目前为止还没有让我特别满意的地方,他没有什么优势。那是因为你没有仔细去观察。贝多芬被誉为世界上最伟大的音乐家之一,可他小时候学拉小提琴时,技术并不高明,他的老师说他根本不是当作曲家的料;达尔文是生物进化论的创始人,当年达尔文放弃行医的举动遭到了父亲的斥责:"你放着正经事不干,整体只管打猎、捉耗子捉狗,能有什么出息。"达尔文在自传中描述:"小时候,自己的父母、亲戚都认为自己资质平庸,与聪明是沾不上边的。"爱因斯坦4岁才会说话,7岁才认字,老师给他的评语是"反应迟钝、不合群、满脑袋不切实际的幻想",他还曾遭到过退学。说到这,妈妈们作何感想?看看这些举世公认的天才,他们的成功之路并不是一帆风顺的,他们也需要时间和空间来"表达"自己独有的天赋,在成功的路上,他们比常人更多了几分磨难与失败。也正是这些磨难、失败与挫折,才造就了"天才"。

如果让我们说贝多芬、爱因斯坦、罗丹、迈克尔·乔丹,谁更聪明,对于这个问题,我们很难有一个统一的答案。的确,他们各有过人之处,却表现在不同的方面,无法作出比较,而这恰恰是"多元智能理论"所要说明的问题。在加得纳的多元智能框架中,相对独立地存在着8种智能,它们分别是语言智能、数理逻辑智能、音乐智能、视觉空间智能、身体运动智能、自省智能、人际交流智能和自然观察者智能。根据多元智能理论,我们不能说上述的人物谁最聪明,只能说他们都是具有高度发达智力的人,他们在各自不同的方面以不同的方式把自己的聪明才智发挥到了无与伦比的境地。所以,只要能挖掘出自身的优势潜能,做到高效学习,我们的孩子也能顺其优势积极、和谐地发展。

爱尔维修说:"即使是普通孩子,只要教育得法,也会成为不平凡的人。"妈妈们要做的仅仅是发现和培养孩子的潜质与特长,给他创造条件,提供土壤,使他成为最好的自己。

5.随时保护孩子的自信

随着孩子的成长,他们会遭受越来越多的挫折,当孩子遭遇到自己难以突破的问题时,内心就会产生焦虑与恐惧。如果孩子长期处于这种心态,自尊心和自信心就会严重受挫。尽管有的妈妈一开始会给予孩子一些鼓励,可如若不能够坚持,孩子依然会因突如其来的打击而变得不知所措,从而产生胆怯心理。

尤其是学龄期的孩子,在这一阶段,他们完全被各种各样的失败包围着。有的孩子因为在学校受到挫折而不喜欢上学,有的孩子因此变得郁郁寡欢、一蹶不振。而长期处于这种状态中的孩子会更加焦虑,并表现出退缩、对抗和抑郁。

很多时候,孩子需要的不仅仅是爸爸妈妈的肯定,更需要爸爸妈妈的关心和重视。想要培养孩子的自信心,不只是单单的几句赞扬就可以了,重要的是要把这种赞扬和肯定在第一时间传达给孩子,让孩子随时感受到父母的关怀和关爱。

帮助孩子巩固自信心的关键在于,妈妈要能随时发现孩子的闪光点,给予孩子适时的肯定和鼓励,这样才可以使孩子的自信心稳定下来,从而形成乐观自信的性格。

维维在做数学题的时候,妈妈在一旁辅导。前面三道题维维都做对了,最后一道是思考题,妈妈说:"这道题有一定的难度,你可以做,也可以不做,随便你吧。"妈妈刚把这句话说完,维维就苦着脸怯怯地说:"妈妈,我不做了,这么难,我肯定不会。"

"你认真地看了吗?还没有看题目,怎么就说不会做呢?"妈妈说道。突然,妈妈想到了一件事情,便对维维说:"对了,维维,昨天你做英语题时,最后一题不也是思考题吗?其他同学不是一读就会了吗?数学题也是一样的,刚才妈妈说错了,你再看看题,妈妈觉得你一定会做的。"

维维听了妈妈的话,又很认真地读了一遍题。经过一段时间的思考,她终于眉开眼笑地对妈妈说道:"妈妈,我会做了,真的很简单。"

这时,妈妈笑了,因为那道数学思考题不是一般的难。

很多家长喜欢和孩子开玩笑,当孩子的成绩不好时,妈妈千万要注意自己的言语,不能因为无心的玩笑而伤害到孩子。比如,当孩子考试没有及格的时候,父母千万不要这样开玩笑:"又没及格是吧,没事,和你老爸我小的时候一个样,没什么出息。"这样的玩笑是会打击到孩子的。

小米喜滋滋地告诉妈妈数学测验考了98分,妈妈立刻问有多少同学得了100。当她知道有5名学生得了满分后,脸就沉了下来:"你还有没有自尊心,考了98还洋洋得意?你怎么不跟好同学比,我看你是不求上进!"

孩子的成长在日复一日的进程中常常显得进展缓慢,并时时受挫,妈妈难免会急躁。此时,妈妈应该提醒自己,学习的过程是很艰辛的。你可以在业余时间从事一项新的业余活动,重新体会一下掌握一门新技能的艰难。对于认知、运动能力已经成熟的成年人来说,学习的过程尚且错误不断,更何况是身体和头脑仍在发育之中的孩子。孩子的身边似乎总是围绕着一群比他们学得快的同龄人,在这样的压力下,孩子们仍能保持高昂的情绪和耐心,不正反映出孩子天性的执著可爱吗?

上初二的小飞写作文时通篇不打一个标点符号,小飞的妈妈知道了他的恶作剧行为很生气,但她克制住了自己的情绪,问小飞:"我知道了你写作文故意不打标点的事,我很惊讶,也很生气。你为什么要这样做?你不是很喜欢作文吗?"

"我以前喜欢作文,现在不喜欢了。"

"为什么?"

"以前的语文老师有水平,现在的老师差远了。"

"是吗?"妈妈想起小飞对上学期教语文的王老师非常崇拜,王老师也经常夸小飞作文好。"现在的郭老师怎么不好?"

"……"小飞一下子语塞,"她写字歪歪扭扭的……反正不怎么样。"

"我倒不这么认为。"妈妈说,"起码她非常有耐心,也很宽容。你看,她把你漏掉的标点符号全都补上了。要是换成我,早罚你重写了。而且她没有告你的状,是我今天正好去学校问起,她才说的。这样的老师很难得。"

小飞不吭声了。

妈妈接着建议:"我认为你应该向老师道歉。是当面跟老师认错还是在作文本上留个条,你自己决定。"

两天以后,郭老师打电话告诉小飞妈妈,小飞在最近一次作文后面附了一张道歉条。而且这次作文他写得非常好。

因为消除了对郭老师的偏见,小飞对语文课的兴趣逐渐恢复了,对郭老师也越来越尊敬。在妈妈的启发下,小飞从这次经历中明白了:每个人有不同的特点,要善于发现别人的优点。

带着宽容去管束孩子,带着欣赏去鼓励孩子,做一个和蔼可亲的严格妈妈,让孩子感到安全,让孩子充满自信,让孩子勇于负责,让孩子善于同情,让孩子学会自制。这样才能营造出愉快的家庭氛围,形成牢固的亲子纽带,培养出健康、快乐、能干的孩子。

6.不要轻易给他贴上"坏孩子"标签

"一个半夜拿石块打碎别人家玻璃窗的孩子是不是坏孩子?"

"一个偷拿了父母的钱逃学去打游戏机的孩子是不是坏孩子?"

经常听到有些父母说自己的孩子是个"坏孩子"，简直不可救药。还有的父母说很后悔自己当初生了这样的孩子。

有一些孩子，他们确实令老师头疼，让父母担忧。或许，他们就是人们所说的坏孩子，或许，他们将来会成为坏孩子。但如果再想想，到底有什么标准判定他们就一定是坏孩子？谁能保证他们将来一定就是坏孩子呢？

有一个小男孩叫武俊，长得虎头虎脑，憨厚淘气，非常可爱。可他却是一个在幼儿园和小学都出了名的"坏孩子"。他讲述了自己内心的真实感受：

"我好动，喜欢在教室里跑来跑去，常常把那些好孩子撞倒。小朋友们都叫我'大马蜂'。我不小心撞倒他们，哪怕撞得很轻，可只要他们一哭，老师保准训我，还告诉他们离我远一点。记得5岁那年，一个长得像洋娃娃似的小女孩把我的鞋踩掉了，而且踩完就跑。我知道她是老师心中的红人，我偏让她给我提上。她跑去告诉老师，没想到，老师竟然当着全班同学的面批评了我一通，说我是寄生虫。当天，这个绰号就叫开了，一直到幼儿园毕业。"

"小学6年，我换了4个学校，一是因为有的学校老师水平太低，讲课特差，二是我总跟老师顶牛，老师经常给我小鞋穿，惹不起只好躲着走。每次转学，妈妈都会大骂我一顿。那时，爸爸在外地工作，妈妈工作又忙，一个人带着我很不容易。在我的记忆里，妈妈从没有陪我看过书，辅导我的次数也很少，他们对我很放得开。三年级时，我就给自己热饭了，用妈妈的话说，这叫自己动手丰衣足食，但我的学习成绩却每况愈下。第一次转学是因为老师多次找父母，妈嫌丢人不去，结果把老师惹火了，最后，老师又把妈妈训了一顿。第二次和第三次转学都与学习有关。在以前那两所学校，我学得不坏，算是中等生。有一次，妈妈拿出一套统考题让我做，我差点儿不及格。妈妈知道了学校的水平后,又给我转了两次学。最后这次转学,学校倒是不坏,可我却变得更坏了。"

"周围的同学学得都比我好,我特别想好好学习,但就是学不好,尤其是算术。上课时开小差是常有的事,两眼盯着黑板,可什么也听不进去。我满脑子里想的都是好玩的事,赶也赶不掉。来到新班级的第一次考试就这样考砸了,爸爸妈妈一起骂我不争气。"

"可最伤我自尊心的还是那次老师分组。老师把班里分成两组,一组是好孩子,一组是坏孩子,我当然在后一组。我心里特不服气,那些十来岁还得靠妈妈穿衣服的孩子凭什么当好孩子!可气也没用,人家学习好啊,谁叫自己不争气呢!"

"有一次,我们年级去军训,老师又把班级分成了6个小组,好孩子和坏孩子自愿组合,没人要的孩子就得去外组。学校要求大家带手电筒,好孩子们没有一个拿的,拿的都是我们坏孩子,因为我们都怕被班级甩出去。我告诉老师我可以拿两个。回到家里,我非要求妈妈买两个手电筒。妈妈问清缘由后脸都气白了,只给我买了一个手电筒。"

"现在我家离学校很远,我每天早晨5点多就要起来上学,晚上11点以前不敢睡觉。妈妈说人活着就得吃苦,可坏孩子这么累也变不成好孩子,真让我觉得像冻冰棍似的那么冷。"

"我真的是坏孩子吗?可我实在不想当坏孩子!"

专家认为,"好孩子"与"坏孩子"之说是不同的儿童观与教育观所致。同样一个孩子,譬如一个顽皮儿童,从了解儿童、相信儿童和尊重儿童的观念出发,你会觉得这孩子很正常,甚至挺可爱;假若从不了解儿童、不相信儿童和不尊重儿童的观念出发,你便会觉得这孩子讨厌,认为他是坏孩子。

当一个孩子被认为是"坏孩子"的时候,他的悲剧命运就开始了,而且往往会成为家庭、学校乃至社会的灾难。所以,作为成年人,首先要树立正确的儿童观,要了解孩子的所思所想,认识到世界上没有生来就坏孩子,也没有哪一个孩子天生愿意做坏孩子。

美国成功学的创始人拿破仑·希尔博士小时候被认为是一个应该下地狱的人。只要发生了什么不好的事情,他就会被别人怀疑,连他的父亲都认为他是所有孩子当中最坏的一个。可她的继母却找到了小拿破仑身上一个优秀的品质,使这个孩子重获新生。所以,有些孩子也许很淘气,但成年人要学着换个角度去评价孩子。同样是面对孩子的淘气,有的妈妈会觉得孩子太烦,惹人讨厌;有的妈妈却会觉得这是孩子天真的表现,会给予宽容甚至赞扬。所以,建议妈妈们经常给孩子善意的评价,不要轻易把孩子划入"坏孩子"之列。

7.在错误中发现孩子的优点

"你就不会小心点呀,看你做的什么事呀?""你脑子进水了啊?"有些父母看到孩子做错事情,就会这样说,根本不考虑孩子犯错的原因。实际上,虽然孩子犯了错,但在犯错的过程中,孩子一定也有表现好的一面。如果妈妈就此把孩子全盘否定,看不到孩子的优点,孩子就会觉得自己无法得到妈妈的信任和认可。

孩子犯错,妈妈不应立即责骂孩子,而应积极地帮助孩子认识错误并纠正错误。在帮助孩子改正错误的时候,妈妈也要细心地发现孩子的优点,用欣赏的眼光帮助孩子改正错误。这样不仅能让孩子认识到自己的错误,还可以让孩子从中获得自信。

妈妈要不断地完善自己教育孩子的方法,学会在孩子的错误中发现孩子的优点,并及时给予肯定,只有这样,孩子才会更有自信地面对今后的挫折和困难。

妈妈带着涛涛走在路上,一阵大风吹乱了妈妈的围巾。

涛涛看到妈妈一只手拿着包,一只手还要去抓围巾,很是不方便,就对妈妈说:"妈妈,我给你拿包吧。"妈妈看了看儿子期待的眼光,把包递给了儿子,开始整理自己的围巾。

没想到有个人急着赶路,碰了涛涛一下,导致涛涛没有站稳,摔在了地上。涛涛没有顾自己的疼痛,拿起妈妈的包迅速站了起来。

妈妈看到涛涛恐惧的眼神,刚想问涛涛伤到哪儿没有,涛涛却哭了:"妈妈,不是我的错,我不是故意的。"

妈妈从涛涛的手中拿过包,用纸巾擦干净涛涛的眼泪后,对涛涛说:"不哭了,都是男子汉了,还在大街上哭,丢不丢人呀?你看,妈妈的包不也是擦擦就干净了吗?"

"妈妈,你不会生我的气吧?"

"当然不会了,涛涛愿意帮妈妈拿包,是涛涛懂得心疼妈妈了,妈妈很高兴。"

"那妈妈以后还让我给你拿包吗?"

"当然了,这样妈妈会省很多力气的。"说完,妈妈又把包给涛涛了。

妈妈评价孩子的时候,要从全方面来评价孩子的优缺点,不要单纯地以成绩的高低来判断孩子的好坏。如果妈妈想要判断这阶段孩子是否进步了,就要从孩子学习的认真程度,他的预习、复习情况,卷面是否干净等多方面来判断,这样,妈妈可以找到孩子的很多优点,从而给予孩子一定的表扬,让孩子有信心继续把好的一面坚持下去。

妈妈不要把孩子看"死"了,不要总是觉得孩子做什么都不行。其实,只要妈妈细心观察自己的孩子,就会发现孩子还是有进步的地方的。比如,孩子比前天会分析问题了,孩子敢于举手发言了,等等。看到孩子努力,哪怕只是一点点,妈妈都要给予孩子肯定。妈妈要明白,孩子的优点是一步步、一点点慢慢发展出来的。

有一个学生,原先作文基础不好,交上来的作文不仅寥寥数语内容少,而且字迹潦草。老师找到孩子妈妈,妈妈皱着眉头说没办法,她讲了很多次,孩子都听不进去。孩子呢?则在一旁低着头,默不作声。老师明白了其中原由,便让妈妈先回避,自己和孩子交流起了作文的问题所在,下一步怎么修改。最后,老师告诉他把字写工整些,正所谓字如其人,人长得帅,字也要帅。第二天,这个孩子交给老师两篇作文,一篇是原稿,一篇是新修改的作文。老师仔细一看,发现孩子很认真地在做这件事,尽管作文中还有一些词不达意之处,但字迹明显工整了许多。老师高兴地对他说:"哇,你进步真大,字变漂亮了,内容也比原先的充实了许多,还能用上一两个好词,不错!"老师在他的作文中写了一道算式"80+5(进步奖)",孩子看了很兴奋。临走时,老师送了他一支水笔,告诉他继续努力。就这样,这个孩子每次写作都会认真修改并重新誊写,慢慢地,他的写作水平提高了,人也开朗了许多。这位妈妈看到孩子的进步后欣喜不已,问老师用了什么办法,老师告诉她:发现孩子的优点,放大孩子的优点,多一些鼓励,少一些指责,就这么简单。

妈妈不要因为孩子的成绩不好就认为孩子不是学习的料。其实,无论是批评还是表扬,妈妈都要每次只针对一个问题,具体错误具体批评。比如,孩子的作业错了很多,妈妈应该先看看是什么样的题错了,然后再批评孩子。在这个过程中,妈妈或许就会发现孩子的一些优点,比如字迹工整、错别字很少等。

如果妈妈觉得难以在孩子的错误中发现优点,那么,如果孩子能诚恳地接受批评,这也算是一个优点,在这点上给予孩子肯定也是可以的。

8.让孩子多多体验小成功的喜悦

成功对每个人来说都是一件让人欣喜的事情。特别是孩子,他们更加渴望成功,那些成功的经历会给孩子留下深刻的印象。成功在给孩子带来快乐的同时,也能帮助孩子建立自信心。成功会使孩子遇事更有积极性,从而促使他们取得更大的进步。

因此,让孩子获得成功的体验很重要。尤其是对有自卑情绪的孩子来说,体验成功更是必不可少。可是,生活中不是想成功就可以成功的,也不是做任何事情都会取得成功,更多的时候,孩子体验到的是失败。这时就需要父母去发现孩子的特长、兴趣,试着让孩子去做他擅长的事情,或者是孩子比较感兴趣的事情,这样,孩子获得成功的可能性会比较大。而如果是各方面都比较强的孩子,妈妈可以让他去做一些复杂的事情,这样不仅可以消除孩子骄傲自负的心理,也能使孩子体验到成功的喜悦。

丁超是初一的学生,他平时不怎么爱说话,性格比较内向,学习成绩一般。

一次，语文老师让丁超回答一个很简单的问题。丁超说了一个答案，结果引来了老师和同学们的哄堂大笑。从此以后，丁超更觉得自己低人一等了。

一个周末，爸爸在小区的楼下发现一群孩子在那里玩得很开心，可其中却没有儿子丁超的影子。爸爸就问小朋友们："怎么没有看见丁超和你们一起玩啊？"那些孩子说："丁超从来都不和我们玩的，我们和他说话，他也很少搭理我们。"

这时，爸爸突然意识到儿子可能有了自卑的心理。为了让丁超变得开朗自信起来，一有空闲，爸爸就会带着他去爬山，并且当丁超有了一点进步的时候，爸爸会立即表扬他。经过一段时间的培养，丁超变得开朗了很多。爸爸再暗示丁超可以大胆一些，和同学们一起玩。就这样，丁超终于放开了自己，开始自信大胆地面对学习、生活。

想让孩子自信起来，妈妈们可以让孩子多多体验些小成功，让孩子多做一些简单的事情，并表扬孩子的微小进步，让孩子感受到其中的乐趣，并有勇气接受进一步的挑战。

杰克出生在一个典型的美国中产阶级家庭，不算穷，也不富，父母结婚16年后才有了这个独生子。他父亲是个工作狂，每天都早出晚归，所以培养孩子的任务就落在了母亲的身上。

与其他母亲不一样的是，杰克的母亲对儿子的关心更体现在提升儿子的能力与意志上，她要求儿子一切从自信开始，努力主宰自己的命运。杰克从小就口吃，可母亲说这算不了什么缺陷，甚至还表扬他："你有点口吃，正说明了你聪明爱动脑，想的比说的快。"

正是在母亲的教育下，略带口吃的毛病并没有阻碍杰克的发展，影响他的自信。而在实际生活中，注意到他有口吃这个缺陷的人士，反而更加对他心存敬意，因为一个有这样缺陷的人在商界竟取得了这么辉煌的成就。美国全国广播公司新闻部总裁迈克尔甚至开玩笑地说："杰克真行，我真恨不能自己也口吃！"

杰克从小就非常喜欢运动，尤其喜欢打曲棍球，经常和同学到其他城市参加比赛。别的孩子出远门，父母都要陪着，可杰克的母亲很早就把儿子当大人看待，她总是让儿子独自去参加比赛。

按杰克的中学成绩，他本可以进入美国最好的大学，但结果却事与愿违，他只能进麻州大学。刚开始，他感到非常沮丧，不想上学，想来年再考，但母亲却鼓励他上麻州大学。杰克进入大学不久，原先的沮丧变成了庆幸。他说："如果当时我选择了麻省理工学院，那我就会因为入学成绩较差而被昔日的伙伴们打压，永远没有出头的一天。然而，这所较小的州立大学让我获得了许多自信。事实证明，母亲让我进麻州大学是对的。"

后来，杰克果然成了麻州大学最顶尖的学生。

在孩子的成长过程中，没有比让孩子自信更重要的。

每一步都有合适的目标，每一步都能获得成功，总趋势是越来越好，这样的人生才是踏实快乐的。

成功是人生的营养，没有成功的生活必然是畸形的。几乎所有问题儿童都是正常秩序中的失败者，得不到正常的成功，他们只能从别的途径寻找肯定，比如沉溺游戏的少年，比如一些走歪门邪道甚至犯罪的孩子，那都是他们寻找自我价值的一种方式。

你想让孩子成为怎样的人，就让他在哪个方面获得成功吧。给他机会，给他宽容和鼓励，帮他得到成功——小小的成功，会把他带向更大的成功。

第七章

懂欣赏：站在孩子的高度看世界

1.用微笑陪伴孩子的成长

微笑是一个人健康形象的最基本的标志。微笑可以化解各种各样的困难，可以消除、化解疲劳，更能消除心理上、生理上乃至人际关系的紧张。

有一个忧郁的人来到上帝面前问："上帝，告诉我吧，如何才能让我跳出忧郁的深渊，在欢乐的大地上尽情玩耍？"

上帝说："请学会微笑吧，向所有的一切。"

忧郁者又问："可是，我为什么要微笑呢？我没有任何微笑的理由呀。"

上帝回答:"当你第一次向人微笑时,不需要任何理由。"

忧郁者接着问:"那么,第二次微笑呢?以后,我都不需要任何理由地微笑吗?"

上帝意味深长地说:"以后,微笑的理由会按它自己的理由来找你。"

于是,忧郁者走了,他决定按照上帝的指引去寻找微笑,去付出微笑。

半年过后,一个快乐者来到了上帝面前。

他告诉上帝,他就是半年前那个曾求教于上帝的忧郁者。

现在,他的脸上阳光灿烂,充满自信,他的嘴角总是挂着真诚的微笑。

"现在,你有微笑的理由了吗?"上帝笑问。

"太多了!"曾经的忧郁者说,"当我第一次试着把微笑送给那位我曾熟视无睹的送报者,而他还我以同样真诚的微笑时,我发现天是那么蓝,树是那么绿,送报者离去时哼的歌是那么动听!"

"当我第二次把微笑送给那位不小心把菜汤洒在我身上的侍者时,我收获了他发自内心的感激,我似乎看见了人与人之间流动着的温情,这温情驱散了我内心聚积着的阴云。"

"后来,我不再吝惜我的微笑,我把微笑送给街边孑然独行的老人,送给天真无邪的孩子,甚至送给那些曾经辱骂过我的人。我发现,我收获到了高于我所付出几倍的东西,这里面有赞美、感激、信任、尊重,也有某些人的自责和歉意。这都是人间最美好的情感,它让我更加自信、更加愉快,也更加愿意付出微笑。"

"你终于找到了微笑的理由。"上帝说,"假如你是一粒微笑的种子,那么,他人就是土地。"

他们相视而笑。

当你在生活中遇到无法解决的问题时,微笑是个不错的方法。比如,你跟别人争论得很厉害,气氛陷入了僵局。这时,你微笑一下,对方也微笑一下，氛围就会缓和很多。很多时候，双方争论的事情本身并不是什么大问题，之所以会越吵越凶，多是对立情绪造成的。这时，微笑就成了调整气氛的不二利器。

青青二年级时玩心甚重，学习成绩一落千丈，老师请家长的次数随着成绩的一路下滑而不断地向上攀升。

老师每次请家长的理由都如出一辙：孩子成绩这么差可不行啊，一定要抓紧啊。

对此，青青妈妈只能信誓旦旦地保证，回去后一定好好管教孩子。但她心里却在强烈地抗议：不能打着应试教育的旗帜，把考试成绩作为衡量学习的惟一尺度。

"兴趣是最好的老师。"走在回家的路上时，青青妈妈把这句话在心里默念了几遍：不要怨责青青，青青不是比别人笨，只是对学习没有兴趣，这时最需要鼓励她。

经过这样的一番心理准备，推开家门看到青青躲闪的目光时，妈妈露出了温和的微笑。

青青小声支吾地问："老师说什么了？"

"老师夸你了，说你上课能专心听讲，按时完成作业，就是有时候理解力稍微差点。我们相信，这对你来说一点问题都没有。"青青妈妈兴致勃勃地说着，青青的小脸由最初的惊恐转为惊喜。

"妈妈，老师真夸我了？"青青的眸子亮了起来，妈妈使劲地点了点头，说："当然！你一定行！"

青青如释重负地走到书桌前，翻开书本，认真地写起作业来。

整个二年级，老师一共向青青妈妈告了7次状，每一次，青青妈妈都会把老师的"状纸"藏好，然后给青青一个欣赏的鼓励的微笑。

前几天，已升入六年级的青青告诉妈妈，"妈妈，我知道，老师常常在你面前告我的状,对不对?但你却总是鼓励我,我考30分时,你说下次考31分就是胜利;我考40分时,你说大有进步……"青青的声音有些颤抖,她转身拿出一张100分的卷子递给妈妈……

微笑不仅是一种表情,更是一种感情的流露。没有人会因为富有而抛弃它,也没有人因为贫穷而将它冷落。微笑能让你的生活变得更加轻松,让别人得到温馨的享受。所以,妈妈们要善于用微笑对待孩子,你的孩子将受福于这一点。

当然,妈妈们不仅自己要懂得微笑,也要教会孩子用微笑来解决问题,让微笑贯穿孩子的人生。

2.和孩子一起用幽默妆点生活

孩子对幽默有一种天然的理解力和表现力。

一个4岁左右的孩子听见敲门声,就问:"你是谁?""我是大灰狼!"孩子听出这是爸爸的声音,便轻轻地打开门。这时,爸爸的手伸向孩子,孩子笑着装出大吃一惊的样子,高喊:"大灰狼来了!大灰狼要吃人了!"

孩子长到6~7岁时,有了简单的逻辑推理和初步的创造性思维,这时,孩子的幽默感就会表现出一定的机智。比如,孩子吃饭慢吞吞的,妈妈急了,冲孩子说:"饭都凉了,你再不好好吃,我就冒火了!"孩子接着说:"冒火了？那用火帮我热饭啊！"

并非所有的孩子都具有幽默感,幽默感来源于良好的心态、乐观的个性。幽默感是"情商"的重要组成部分,具有幽默感的孩子大多开朗活泼,因而往往更讨老师的喜欢,人际关系也要比不具有幽默感的孩子要好得多。

父母可能觉得孩子年龄尚小,阅历也浅,在知识和智慧上远远不如自己,肯定不懂什么是幽默。事实并非如此,其实,孩子9个月的时候,幽默感就开始出现了。

宝宝手里拿着一个话筒,妈妈说:"宝宝是天才的男高音,K歌一曲吧！"听了妈妈的话,宝宝环顾四周,用胖胖的小手鼓起掌来,意思是"爸爸鼓掌我才肯唱呀"！

掌声响起来后,宝宝便扭着屁股、晃着身子"咿呀咿呀"地开唱了！与其说是唱,不如说是乱哼哼,不过倒是很有节奏。最令人开怀的是,宝宝总是试图抬起腿来摆造型,不过每次都以一个仰面朝天的滑稽动作亮相,逗得大家哈哈大笑！宝宝自己呢？先是眨眨眼,接着带着一副不好意思的样子冲进妈妈的怀抱！

孩子的幽默细胞不容小觑,他们有着惊人的联想力和非凡的创造力。如果父母能用幽默的语言和他们进行交谈,肯定他们的能力,甚至是小聪明,他们会感到非常快乐。

西方的很多父母在婴儿刚刚出世6周时便开始了他们独特的"早期幽默感训练"。一个典型的例子是:当父母故意抱着孩子做"下坠"动作时,一些孩子在体会下落感的同时,还会无师自通地意识到是大人在跟自己闹着玩,从而露出笑容。1周岁左右的孩子已对他人的脸部表情十分敏感,因此,在他们学步摔倒时,妈妈们不妨冲他们做个鬼脸以表示安抚。此时,他们往往会被你扮的鬼脸引得破涕为笑。2周岁的幼儿已能从身体或物品的不和谐中发现幽默。3岁幼儿的智力已发展到能认识不和谐中潜藏的幽默感,当妈妈故意戴上爸爸粗大的男式手表时,孩子见了会一边摇头一边大笑不止。你还可以默许孩子装模作样戴上爷爷的大礼帽,手持拐杖,行步蹒跚,他会边模仿边大笑。4岁左右的幼儿特别喜欢"做家家",或扮卡通人物。当你发现你的儿子与邻家小女孩正在快活地扮演王子和公主角色,并演得十分投入时,不要阻拦,甚至,你也可以去客串一下,扮演个坏蛋之类的小角色。待孩子长到5岁至6岁时,便会对语言中的幽默成分十分敏感。如,同音异义词和双关语的巧用,绕口令的学习,都能使他们感到趣味盎然。与此同时,你也应该鼓励孩子学习猜谜,或者由孩子自己编一些简单的文字谜语。7岁的孩子大多已上学,他们往往喜欢讲笑话、听笑话。如果此时大人们能做出引导,让孩子们知道什么是粗俗、什么是幽默,那当然更是明智之举。8岁以后的孩子已初具幽默感,父母应注意倾听孩子回家后讲述的有关学校生活的小笑话,并发出会心的欢笑。这也是一种父母对孩子的幽默感做出肯定的表示。

曾经有位女学生对父亲坦言心中的苦恼:"我从来不为任何明星的风采所打动,可自从×××出现后,我萌发了今生今世非他不嫁的念头,我该怎么办?"他爸爸诙谐地对她说:"成人之美乃传统美德,我当然乐意成全宝贝女儿的终身大事。但遗憾的是,你已是非他不嫁的第9999个姑娘,如果他跟9998个姑娘离婚之后,我会很乐意让你带上丰厚的嫁妆嫁给你心爱的人,好吗?"就这寥寥数语使这个女孩羞涩地笑了起来,并逐渐走出了对明星的痴迷与狂热。

这就是幽默的神奇功效。这个父亲平时一直将幽默风趣融于家庭教育中,正是因为家庭气氛和谐融洽,女儿才会敞开心扉,将心中的困惑告诉父亲。

而在一些喜欢用疾言厉色教育的家庭中,由于缺少轻松和谐的氛围,孩子更多地倾向于将心中的困惑写在日记本上或是告诉同龄人,这使父母失去了和孩子沟通交流及时施教的机会。这位父亲的几句话看似夸张,却完全符合生活逻辑,看似戏虐,却又不失真诚,女儿自然会欣然领受,并最终幡然醒悟。如果板起面孔说教一番或是直接予以批评,也许只会使她疏远父亲或是产生逆反心理,从而破坏轻松和谐的家庭氛围。

3.与孩子共享自然之美

走出家门和校门,到大自然中去呼吸新鲜空气,应该是再平常不过的事。可在应试教育和高考指挥棒的指挥下,这件简单的事却成了一种奢侈的享受。有人这样形象地描绘家长对待孩子的心态:"捧在手心怕摔了,含在嘴里怕化了。"尽管生活条件非常优越,尽管大人们百般呵护,可很多孩子却高兴不起来。因为住在高楼里的孩子空间封闭,缺少玩伴,缺少交流,加上整天在家长的督促下学习,渐渐会变得封闭、孤僻、脆弱、烦躁,长此以往,就可能形成不同程度的心理疾患。因此,教育专家指出,"高楼孤独症"、"自然缺失症"正在威胁着都市的孩子。

生活在网络时代的孩子们,最喜欢的"玩具"就是各种电子产品。随着智能手机、平板电脑等越来越普及,年轻的父母们不仅自己爱不释手,还将此作为哄孩子、陪孩子的"电子保姆"。现在的中小学生更是越来越依赖网络,查找资料、获取信息、娱乐、交友等都习惯在这虚拟空间里搞定,与大自然的接触越来越少。这样一来,孩子的成长中不仅缺失了蓝天、白云、芳草、碧水,更缺失了儿童与自然亲近的天性,违背了其健康成长的规律。

尽管"放养"孩子会遇到各种困难,尽管让城市孩子走出高楼大厦会遇到各种挑战,但是,增加户外活动,到大自然中去,是孩子健康成长所必需的。无论时代怎样变迁,无论有多少困难和障碍,父母都应通过旅行、社会实践让孩子接近自然、拥抱自然。

春天树木发芽,夏天枝繁叶茂,秋天风吹落叶,冬天枯木覆雪,这些现象可以让孩子亲身体会到大自然中的生而复死、死而复生、生生死死、循环往复,从大自然中领略到生死哲学的真谛,这些是在水泥墙和书斋里无法观察到的。宋代著名女词人李清照曾经忘情地赞美大自然说:"水光山色与人亲,说不尽,无穷好。"在这位美丽的女词人看来,大自然是一本活生生的、厚厚的教科书。

红杏曾在澳大利亚格里菲斯大学昆士兰艺术学院留学,取得了视觉艺术硕士学位。回国后,她成为了一名人文地理摄影师和旅行作家,需要四处游走。2004年10月,女儿佳佳出生,这个小家伙的到来并没有让"辣妈"红杏停止旅游的脚步,丈夫度过童年时光的东北小山村成了她第一个"亲子游"的绝佳地点。

孩子很小的时候,妈妈们总是想着如何百般呵护,甚至都不敢抱出门晒太阳,但在佳佳才4个多月的时候,红杏便开车带她出去"冒险"了。红杏说,孩子的抵抗力和免疫力是需要积累的。佳佳本身从妈妈母体就继承了一定的免疫力,一般不容易生病。相反,如果户外活动少,呼吸的新鲜空气少,不经常换环境,她身体的适应力和免疫力就会变弱。

2005年夏天,红杏接到了青海一个赛马会组委会的邀请。收拾行李时,她将佳佳的衣物也装了进去。因为高原气候恶劣,家人都很反对,可红杏摆出来的理由既充分又有些"无赖":"我咨询过很多专业医务人员,他们都认为孩子在高海拔地区的适应能力比成年人强很多,到高原不会有问题,而且越小越没事。再说,我这么优秀,当然也要培养出一个不一般的女儿。"就这样,半个月后,红杏带着7个月的佳佳去了海拔4000多米的青海藏区。

佳佳第一次看到雪山,还不会用语言表达,但依旧很兴奋地在汽车后座上手舞足蹈、咿咿呀呀地唱歌。好在佳佳的身体素质不错,红杏前期的准备工作也做得非常充分,母女俩的第一次"极限之旅"开心而去,快乐而归。

佳佳非常羡慕法国小女孩蒂皮的经历,尤其在看过她的传记《我的野生动物朋友》后,就梦想寻着蒂皮姐姐的足迹去非洲,和那些野生动物们亲密接触。

2009年,4岁多的佳佳参加旅游卫视"我的梦想"活动时说出了自己的梦想:去非洲大草原,看猎豹、黑豹子、大象,还有长颈鹿……随后,红杏与同样热爱户外旅行的丈夫一起着手准备,联络当地可以看到不同动物的农庄,半年后,她们就成行了——一家人飞往非洲的纳米比亚。

面积约2.3万平方公里的埃托沙公园是撒哈拉以南非洲最大、最著名的野生动物园。佳佳在这里看到了许多珍禽异兽。斑马、羚羊、鬣狗在遍地野花的草原上奔跑;长颈鹿、狷羚在灌木丛及小树林里游荡;猎豹出没于灌木丛中……

在非洲探访辛巴族原始部落时,佳佳认识了许多小朋友。佳佳从背包里拿出临行前带的礼物递给周围的小朋友,很快,小朋友就惊喜地拿着玩具玩了起来。人群外围,有个2岁左右的孩子拿不到礼物,他咬着手指,眼里满是渴望。佳佳特意留了两辆玩具车,全塞给了他。对方腼腆地笑了笑,向她表达谢意,看到佳佳空了的手,想了想,呵呵笑着将其中一辆小汽车递还给她,摇了摇自己手里的玩具,宝贝似的抱在怀里。虽然只有5岁,但佳佳把这张单纯开心的笑脸记得清清楚楚。

她不知道妈妈一次次把自己带往旅途,是为了把旅行变成教育课堂。"孩子把旅行当作最好玩的事,却在不经意间记住了世间的善良、淳朴、坚强和勇敢。"红杏说。

回来后,佳佳创作了几十幅关于非洲的绘画,还在炎黄艺术馆、798艺术区举办了"小驴佳佳的途涂画话——非洲印象"个人画展,引起了不小的轰动。

随着佳佳慢慢长大,经常和妈妈旅行的她必须学会去准备和管理自己的东西。佳佳4岁的生日礼物就是一个小相机,旅途中,她也会拍摄一些图片,回来后写旅行小文。这些都潜移默化地塑造了佳佳各方面的能力。

如今的佳佳不仅学习成绩不错,还有着广泛的兴趣爱好。除了画画、书法,她还会在夏天的时候去练马术,在冬天去滑冰、滑雪,并一直坚持跳芭蕾舞、练钢琴等,她始终对新事物充满了新鲜感和好奇心。红杏笑着说,这一切都源自女儿从小就在大自然中的"野蛮生长"!

农谚有"高地芝麻洼地稻,沙土地上种花生,黄岗坡上种红薯,不高不低种黄豆"的说法,意思是说,高的田地种芝麻,低的田地种水稻,含沙土适合花生,红薯适合黄岗坡土壤,黄豆播种在不高不低的土地上。

有的孩子学习成绩好,读大学,读研究生,读博士生,当科研人员,从事文学、医学、艺术等方面工作;有的孩子成绩一般,读职专,学技术,当工人,当技术工人,当技术尖子,当白领,当高级白领等;有的还可以学经商,当商人,干好了,就能够当老板,当企业家。

每个人都有不同的才能,只要善于挖掘自己的潜能,无论以后从事哪方面的工作，都可以获得美好的前途。

孩子就像一块"田园"，种什么就收获什么，不种就荒芜，光长野草不长苗。

孩子就像一块"田园"，不是一张张可以随意涂画的"白纸"、也不是一个个能够随便灌输的"容器"，更不是一块块可以任意开垦的"土地"，而是一个个看得见、摸不着的鲜活的"心田"。

教育者在孩子的"心田"里播种什么，就会发什么芽，开什么花，结什么果。

4.好奇心里隐藏着无限可能

孩子从呱呱坠地开始，就用好奇的目光东张西望，打量着周围多彩的世界；学会说话后，便爱问这问那，还常会提出一些稀奇古怪的问题。这时候，每一个孩子都是一名科学家，他们接触自然、观察万物，脑中充斥着各种各样花样百出的问题。

有的家长最烦孩子提出这样的问题："妈妈，为什么天空是蓝的？""为什么飞机不会从天上掉下来？""为什么猪没有翅膀？"有些父母会对孩子说："问这么多，烦不烦？"孩子的好奇心就这样在父母的呵斥声中逐渐被毁灭了。

从心理学观点看，好奇心是人们对新鲜事物进行探索的一种心理倾向，是推动人们积极地去观察世界，开展创造性思维的内部动因。好奇心是非常宝贵的，它是推动幼儿获取新知识的主要动力。

文森特·鲁基洛曾说过:"好奇心、求知欲和善提问是创造性思维的引擎。"在儿童的心灵深处,有一种根深蒂固的需要,就是希望自己是一个发现者、探究者和成功者。

好奇是孩子探索科学知识的动力,是启迪孩子智慧的火花。古人云:"学贵有疑,小疑则小进,大疑则大进,不疑则不进。"近代教育家陶行知也说过:"发明千千万,起始在一问。"孩子有好奇心,才会对不懂的新事物产生怀疑,进而发问或从实践中去探索。

爱因斯坦曾说过,一个人的想象力比一个人的知识多少都要重要。从这点来说,孩子的好奇心和想象力对孩子的成长与成才是非常关键的。

孩子提出的问题越多,越能说明孩子富有好奇心和想象力,可惜的是,很多都被我们的家长给消灭在萌芽状态了。如果你的孩子已经把自然界的事物都看成了习以为常的事情,对自然界没有任何疑问,那是因为家长从小就不耐烦地告诉他们"本来就那样",这样的孩子长大后,思考问题的角度会变得很狭窄,目光也会很短浅,所有问题的答案对他而言只有一个标准……

诺贝尔奖获得者利奥彼德·鲁齐卡的父母没有什么文化,可幼时的鲁齐卡富有强烈的好奇心。他常瞪着大眼睛问父母"天为什么是蓝的"、"水从哪里来"等许许多多的"为什么"。他的父母并不为此感到难堪,也从不阻止儿子发问,而是怀着喜悦的心情鼓励儿子。正是这样的鼓励,使鲁齐卡不断奋进,最终登上了科学的巅峰。

妈妈们要学习鲁齐卡的父母,保护好孩子的好奇心,让十万个"为什么"贯穿孩子的一生。

有一个小男孩看着东升西落的太阳问:"妈妈,太阳是不是永远都这么亮啊？"这位妈妈没有直接回答孩子的问题，而是告诉孩子："过些天，我们再来看，你就会发现太阳的秘密，知道你的答案了。"几天之后，正好是阴天，小男孩东张西望，就是看不见太阳。等到云层渐渐散去，小男孩发现太阳躲在云里，不再像晴天那样光亮了。可小男孩又冒出了一个问题："妈妈，太阳是不是永远都那么圆？"这位妈妈照样没有直接告诉他，而是带他到网上找了日食的视频。小男孩看到太阳一点点消失，像被什么东西吃了一样，到最后又重新变回原来的样子，他高兴地叫嚷起来："这太阳真有趣，从圆的变成弯的，又从弯的变成圆的。"

  这位家长的做法很值得肯定和借鉴，既满足了孩子的好奇心，又让孩子明白了自然现象，培养了好问探索的精神。

  要想孩子超过自己，就一定要保住孩子的好奇心！

  首先，大人要有童心，要学会换位思考，尊重孩子的好奇。

  其次，不要敷衍孩子，要给孩子好奇心的提问以满意的回答；如果不懂，就带孩子一起去找答案。对孩子的提问，家长可以不马上提供答案，而是进一步提出一个疑问和悬念，激起他更强的好奇心。

  最后，允许孩子探索。家中如果有贵重东西，尽量放在孩子看不到的地方；若是被他看到了，并拆了，千万不要责备他，否则会对孩子的好奇心造成致命的打击。

  一个人如果没有好奇心，对什么事物都感到平淡无奇，他就不可能会有发明创造，更不可能做出伟大的事业。因此，家长对孩子的好奇心要因势利导、循循善诱，培养孩子"打破砂锅问到底"的坚韧毅力。切不可当头一棒，挫伤孩子的好奇心和自尊心。

5.共同探索阅读童书的乐趣

"天堂的样子就是图书馆的样子。"这是阿根廷作家博尔赫斯对书籍美好的赞颂。在书籍的天堂里,还有一个特别的存在,那就是童书世界。童书是孩子最早接触的书籍,能让孩子在憨态可掬的卡通形象中体味到世间的真善美,更能润物细无声地让孩子感受到读书的快乐,养成受益终身的阅读习惯。

"读书如树木,不可求骤长。"中国家庭,尤其是城市家庭,虽然已经开始普遍关注儿童的成长教育,调查显示,家长支持鼓励孩子阅读的比例超过80%,但在家庭教育中,83%的家长不能理解儿童阅读活动的正确含义,这与家长的功利性不无关系。很多家长在不知不觉中剥夺了孩子阅读的乐趣。

很多妈妈对孩子教育的态度功利色彩太浓,以至于在给孩子们选书时,考虑更多的是知识性,比如能否帮助提升作文水平、能否有助升学等。而出版的乱象体现在,当海外拿奖、名人推荐成为销量的保证时,出版商会更瞄准这些书外的东西,买榜渐成潜规则,短篇精品却难出版,而销售不错的童书,出版社往往会一拥而上,一个系列一出就十来本,还分男孩版、女孩版,这让妈妈们感到眼花缭乱,不知如何选择。

孩子不喜欢阅读,绝大部分原因要归结为家长没有根据孩子的年龄、心理选择适合他们的书籍,更有偏激者认为看书就是为了学习而不是领略阅读的乐趣。

在亲子阅读的过程中,如果想让"阅读"变成"悦读",从第一关的选书开始,就要坚持以儿童视角为本:要选择理解儿童的、能表达真实情感和真实情绪的;选择儿童感到有趣的、美好的、幽默的、能触动儿童心灵的;选择能给儿童带来温暖的启迪和安慰的。

一个不会看书、不爱看书的妈妈,真的能教出爱看书的孩子吗?

"你看,这是什么?"
"告诉妈妈,这是什么动物?你知道的,我教过你。"
"想想看,他对不对?"
"他为什么这么做啊?"

以上的互动反映出大人可能有这样的想法:第一,阅读就是要知道各种知识;第二,不明白孩子是否真正理解书上的内容;第三,简单认为,这就是互动。

产生这样行为的原因在于,大人把亲子阅读中的大人和孩子的关系看成教与被教的关系。殊不知,亲子阅读中,大人和孩子的关系是平等分享的关系。只有如此,才能营造出温馨、愉悦的阅读氛围。详细点说,书籍本来就是为孩子的阅读而买,妈妈不过是帮助写书的人把这个故事传递给孩子,所以,亲子阅读应该是分享阅读的快乐,而不是通过书籍即时考核孩子懂得多少。

考试性阅读的坏处多多。

首先,从大人口里问出的这些问题,大多是大人想要孩子知道的,很可能会破坏孩子阅读的连贯性和沉浸书中的情感体验。

其次,大人问了问题,对孩子思维的发散性是一个很大的限制。因为大人看问题的角度已经定了性,提出的问题很单一。没有听到问题的孩子可能看到画面就会天马行空地理解和想象;而如果他听到了问题,思考的东西就会局限在问题之内,得出的答案也会缺乏想象力和创造力。

最后,不恰当的问题提多了,孩子答不上来会感觉无趣,从而产生阅读焦虑感,看到书就紧张焦虑,并演变成拒绝接触阅读。

在认字敏感期到来之前,点读字的阅读也是不恰当的。阅读的眼动研究发现,3岁及3岁前的孩子,无论是在大人陪伴下阅读还是不在大人陪伴下阅读,他们对文字都没有兴趣,而是从图画里搜索信息。也就是说,大人点读不点读对幼儿来说毫无意义。不仅如此,这还是放弃森林捡了片树叶的做法(其实连树叶都捡不到)。绘本对孩子的意义在于那些会说故事的图画,孩子的形象思维被那个具有情节的图画带动,让思维自由徜徉,然后按照自己的兴趣和理解能力去关注角色,关注他们在做什么,图画里有什么好玩的。这才是孩子的阅读。不要背离孩子的心理去执著于认识那几个字。

当然,到了认字敏感期,孩子很想知道这是什么字的时候,妈妈们就可以图文结合,和孩子玩认字认句的游戏。

"家里的书他都不看!"带着这样语气控诉的妈妈,通常的做法是把书交给孩子,自己去做别的事情。

事实上,要孩子达到真正意义的独立阅读,必须度过一个"共同阅读"的时期,没有哪个孩子可以例外。有人做过这样的差异化研究,有父母陪伴的阅读和没有父母陪伴的阅读,前者的孩子爱上阅读,建立阅读习惯可能更容易。这不是吸引孩子眼球让孩子无法自拔的电视,你放着他看,你离开就可以。如果孩子能有一个亲子陪伴的共同阅读期,并且坚持得越好,间断性越短,那么孩子就越容易自主地独立阅读,而阅读的力量也会在孩子的小学、初中以及将来体现得淋漓尽致。

苏联教育家苏霍姆林斯基曾经说过:"让孩子变聪明的方法,不是补课,不是增加作业量,而是阅读,阅读,再阅读。"爱好读书是一个能让孩子终身受益的好习惯。

爱读书的孩子,每当摊开一本好书,他们总会情不自禁地沉浸在淡淡的书香中,书里的每一个文字都会掀起他情感的浪花,将他的喜怒哀乐释放在字里行间,生活的感受会被他理性地接受,即使有疑惑也会得到所学知识阐释。因此,爱读书的孩子,他的愚钝会受到启蒙,他的懒惰也能得到医治;爱读书的孩子不会乱说话,言必有据,他的推理必定合情合理,而不是人云亦云、信口雌黄。

爱读书的孩子就像蜜蜂采蜜一样,他们不喜欢总盯在一处,而会博览群书,在书中寻找"为什么",也喜欢将自己的猜想假设或者结论在书籍中得到证明。

在生活中,爱读书的孩子做事会思考,知道怎样才能想出办法,会科学地拒绝盲目,把杂乱无章的事情理得很有头绪,抓住事物的要害,寻找到解决问题的办法。

爱读书的孩子是生活里的佼佼者,他们的未来定会一片光明。

6.换个角度发现童真的美好

一个多才多艺的孩子比不上一个身心健康、快乐成长的孩子。当孩子的童年充斥着各种辅导班,小小年纪便要为各种考试加分项目忙碌时,他怎么会感受到生活的快乐呢?所谓的兴趣也披上了功利的外衣。一个对音乐不感兴趣的孩子将来能成为音乐家吗?一个对奥数反感的孩子将来会成为数学家吗?根本不会,那只会浪费孩子宝贵的童年时光。想要守护孩子的纯真梦想,从一开始就要因材施教,让每一个孩子快乐成长,而不是过早地成为"小大人"。

第七章 懂欣赏:站在孩子的高度看世界

黄女士是典型的"虎妈",对孩子要求特别严格。今年9月新学期开学,女儿暗示她:"你注意到我QQ签名的变化了吗?"黄女士发现,女儿的QQ签名从过去的"我想成为芭比"改成了"我要上清华北大"。尽管其他家长对孩子的举动全是褒赞,但黄女士却乐不起来。"很明显,孩子这是为了取悦我和她爸爸,还有群里的家长,她希望得到我们的表扬。"黄女士愁闷地对朋友说,和同龄孩子相比,女儿显得成熟、稳重得多,才7岁的她已经学会了迎合,"我觉得这不是好事,一定是我的教育出了问题,或者是孩子在哪里接触了她不该接触的东西。"随后,老师与孩子进行了对话才知道,孩子自己是真心想上清华北大,希望这样能让父母高兴,因为父母平时在家很少笑。

黄女士的担忧引起了很多人的讨论,到底是孩子太世故,还是家长们总是用成人世界的思维去衡量孩子的一言一行?

无论是孩子QQ签名的变化,还是孩子平时的言行举止,可能孩子只是童言无忌,而在大人看来却带有功利和世故的色彩。孩子的世界很简单,并没有家长们想象得那么复杂,他们只是想真诚地表达自己内心的情感,这并没有什么过错。家长需要留意孩子成长过程中一点一滴的变化,但这并不表示要对孩子的任何言行都过分担心。家长在关注孩子成长的同时,也要注意给孩子一定的成长空间,不应该用成人的眼光去破坏这份童真的美好。

瑞恩是加拿大一个普通家庭的一个普通的男孩。6岁的小瑞恩读小学一年级时,听老师讲述非洲的生活状况:孩子们没有玩具,没有足够的食物和药品,很多人甚至喝不上洁净的水,成千上万的人因为喝了受污染的水死去……

老师说:"我们的每一分钱都可以帮助他们:一分钱可以买一支铅

笔，60分就够一个孩子两个月的医药开销，两块钱能买一条毯子，70加元（约合380元人民币）就可以帮他们挖一口井……"

瑞恩深感震惊，他想为非洲的孩子挖一口井。

不过，她的妈妈并没有直接给他这笔钱，也没有把这个想法当成小孩子头脑一时发热的冲动。妈妈对瑞恩说："家里一时拿不出70加元。你要捐70加元是好的，但你需要付出劳动。"妈妈让他自己来挣这笔钱，妈妈说："孩子，你要多干一些活，多承担一些家务，慢慢地积攒，积攒到一定时候，就能够有这些钱了。"瑞恩说："好，我一定多干活。"

于是，瑞恩开始在正常家务之外做更多的事。哥哥和弟弟出去玩，他吸了两小时地毯挣了两块钱；全家人都去看电影，他留在家里擦玻璃赚到第二个两块钱；他还要一大早爬起来帮爷爷捡松果，帮邻居捡暴风雪后的树枝……

瑞恩坚持了4个月，终于攒够了70加元，交给了相关的国际组织。

然而，工作人员告诉他："70加元只够买一个水泵，挖一口井要2000加元。"

小小年纪的瑞恩没有放弃，他开始继续努力。一年多以后，通过家人和朋友的帮助，他终于筹集了足够的钱，在乌干达的安格鲁小学附近捐助了一口水井。

事情至此并没有结束，因为还有更多的人喝不上干净的水，瑞恩决定攒钱买一台钻井机，以便更快地挖更多的水井。让每一个非洲人都喝上洁净的水成了瑞恩的梦想，他真的坚持了下去。

瑞恩的故事被登上了报纸。于是，5年后，一个6岁孩子的梦想竟成为了千百人参加进来的一项事业。2001年3月，一个名为"瑞恩的井"的基金会正式成立。如今，基金会筹款已达近百万加元，为非洲国家建造了30多口井。这个普通的男孩，也被评为"北美洲十大少年英雄"，被人称为"加拿大的灵魂"，影响着越来越多的人去爱和帮助他人。

在故事的开始,瑞恩的妈妈不是替孩子承担,不是替孩子去实现爱心,而是让孩子为他的爱心付出一份诚实的劳动。这样才是真正的爱心。

瑞恩成了名人后,他的父母控制了很多活动,不让孩子过多地在荣誉光环之下飘飘然,让他仍像其他孩子一样生活。所以,瑞恩虽然成了世界的一个小名人,但是他依然像一个单纯自然的孩子,过着一份充满童真的生活。珍惜孩子的爱心,这值得所有妈妈学习。

7.用童心欣赏孩子的奇思妙想

孩子虽然没有成人那么多知识经验,却可能更富有想象力,因为他们少有固定的"答案"与"思维模式"。想象力成长所需要的土壤是宽容的、放松的、自由的与多样的。因此,如果孩子对一个你早已认为不是问题的问题进行思考,请允许他的"奇思妙想"。

妈妈正在做包子,5岁的小女儿坐在小凳子上看着。这时,女儿忽然提了一个问题:"星星是从哪儿来的?"

妈妈没有急于回答,而是说:"你想想看。"

女儿出神地注视着母亲揉面的动作:揉面,揪面团,擀面饼,包包子……

看了好一阵子,女儿突然说:"我知道星星是怎么做出来的了,是用做月亮剩下的东西做的。"

妈妈听了,先是愣了一下,然后特别激动地亲吻了自己的女儿:"宝贝,你的想象真奇特。"

爸爸听了这件事以后也非常高兴,拉过女儿给她讲女娲造人的传说……

但在现实生活中,孩子的"奇思妙想"常常会遭到大人的打击——
"星星本来就有,有什么好想的,快点背书吧!"
"你就会想这些乱七八糟的东西,老师讲的却什么也不知道。"
"你去看看书上是怎么写的!"
……

大人们在不知不觉中将孩子引入了一个不需要想象、只需要记忆的世界,最终,这些孩子也变得和大多数人一样,只会重复前人的知识与技能,不会突破与创造。所以,如果妈妈们认为想象力非常重要,就要留意生活中的点点滴滴,留意你对孩子"奇思妙想"的反应。

2008年国庆节,黄炜随母亲去广州旅游。出门时,福州的气温有些低,黄炜多穿了一件夹克衫。不料,广州当地气温较高,他只好把外套脱下,塞进手提包里。

从广州回来后,爱动脑筋的黄炜琢磨开了:出门旅游,衣服带多了累赘,带少了又担心天气变冷,怎么办?一天,他背起书桌上的书包时,突然来了灵感,能不能将外套改装成背包?在家长和同学看来,这个想法是"胡思乱想",但这个想法却引起了学校科技指导老师的重视。

很快,在母亲的陪同下,黄炜在商场花100多元买了夹克衫、书包、拉链及钥匙扣等材料,连夜绘图、测算、加工及缝制。他将衣服的袖子藏起来,拉链拉上,再把衣服的上下封死,同时加上2个背带。3天后,一件神奇的背包御寒两用夹克衫正式"出炉"。只见这件衣服像大背包,藏蓝色,防水布的面料;拉开边上的4道拉链,抖两下,背包立刻变成了一件米白色的夹克衫。

当年8月,第18届全国发明展览会在昆明举行。在45个展出团展出的1700多项各类发明项目中,黄炜的"背包御寒两用夹克衫"脱颖而出,获得了金奖。

特别值得一提的是,展会组委会认为,黄炜的发明创造具有较高的科学性、新颖性和适用性。一旦上市,必然会受到广大旅游者的追捧,拥有广阔的市场。

随后,在学校老师的建议和指导下,黄炜将"背包御寒两用夹克衫"申请了专利,并获得了相关部门的批准,"胡思乱想"就这样变成了"奇思妙想"。

孩子经常会有一些奇怪的想法和念头,这些想法也许看起来很荒唐,甚至不着边际,却是孩子创造性思维的体现。父母应鼓励、赏识孩子的奇思妙想,并引导他按照自己的想法去试试看。

天天和几个小伙伴在家里玩,天天的妈妈给了他们每人一盒牛奶。

喝完牛奶后,天天兴奋地对妈妈说:"妈妈,您看,这个盒子像不像一条船?"

"怎么会像一条船呢?"妈妈问。

"如果把盒子剪去一半,然后在两头糊上三角形的纸,不就成了一条船吗?"天天天真地说。

"好啊!那你先把盒子洗干净,然后来做一条船吧!"妈妈说。

天天把盒子洗干净后,妈妈给他拿来了卡纸、剪刀和胶水。天天做得很认真,没一会儿,一条像模像样的船就做成了。天天高兴地说:"这是我的新玩具。"

其他的孩子大受鼓舞,纷纷说:"阿姨,我能做飞机!""阿姨,我能做汽车!"

"现在,你们也给自己做个新玩具吧!"天天的妈妈鼓励他们。

不一会儿,孩子们就把做好的东西摆在了桌上,他们仰着头,充满期待地看着天天的妈妈。她赞扬了每个孩子,并告诉他们:"平时只要多动脑筋,发挥你们的想象力和创造力,许多物品都可以变废为宝。"

很多伟大的发明创造都是先有了所谓的痴人说梦般的幻想才得以实现的。因此,父母不要斥责孩子的异想天开,应鼓励他大胆联想,表达自己的独立见解,并引导其将想法付诸实践。

有些父母认为孩子的怪念头是在胡闹,并为此阻止和训斥他们。这样就把孩子的创新意识扼杀在了摇篮之中,不利于孩子日后创新思维的发展,还易使其形成刻板、固守陈规的行事风格。

因此,当孩子以自己的奇怪想法做出超出常规的事时,只要不是危险或负面的行为,父母就应给予鼓励。即使孩子的行为被众人不屑,你也应该做出正面、积极的评价,引导他继续思考,找到改进的方法。这样才能使孩子刚刚破土而出的想象力、创造力的幼苗得到保护,进而茁壮成长。

8.陪孩子一起发现世界的秘密

著名教育家陶行知先生曾碰到过这样一件事:一位母亲对他抱怨说,她的儿子非常淘气,把一块贵重金表给拆坏了,她把儿子打了一顿。陶行先生当即说:"可惜呀,中国的爱迪生让你给枪毙了。"陶行知先生的这番话确实道出了目前在家庭教育中,父母是怎样无意识地扼杀了孩子可贵的好奇心,这直接影响到了孩子创造性的形成。

"朱朱真是太不听话了,差点放火把家烧了。"刚进门,婆婆就气呼呼地来告状。再看女儿,正一脸无辜地瞪着奶奶:"我没有放火,我是在做实验。"

这是怎么一回事?原来老人煮面条时,朱朱偷偷拿了几根,放在煤气灶上点着了,接着又点燃了客厅里的报纸。等到奶奶发现时,报纸上的火苗直蹿,差点烧到茶几。老人将朱朱训了一顿,谁知孩子非但不认错,反而责怪奶奶破坏了她的实验。

妈妈拉过女儿,问她想做什么试验。女儿说:在幼儿园上课的时候,老师讲过水能扑灭火,就想动手试一下。她刚把报纸烧着,还没来得及用水去浇,奶奶就把火给踩灭了,她很不高兴。

妈妈拿了一只瓦盆,又叫女儿拿了几张报纸,告诉她,妈妈要和她一起做实验。女儿一听,高兴得又蹦又跳,赶紧去抽了几根面条。很快,面条在煤气灶上烧着了,随后,妈妈请女儿点燃瓦盆里的报纸,火苗在报纸上跳动着,等烧得正旺的时候,女儿接了一盆水,对着报纸浇了下去——火,真的熄灭了。女儿激动地大喊:"妈妈妈妈,水真的能灭火呀!"她的眼睛兴奋得闪闪发光,她一次次地点燃报纸,又一次次地用水浇灭……实验的成功令她心花怒放。

实验结束后,妈妈拉着女儿说:"你看,火多厉害啊,能烧报纸、烧茶几、烧衣服,还能烧家里的许多东西。要是烧了起来,咱家多危险啊。小朋友一个人在家时,绝对不能玩火,知道吗?"

"我知道,火是非常危险的,我们老师还叫它'火老虎'呢。"女儿毫不犹豫地一口气回答,"我还知道火能把高楼大厦烧掉,能把人烧死。"

"对,火还能把人烧死,所以小朋友不能玩。"妈妈盯着女儿的眼睛,严肃地告诫道。

在每一件看似荒唐的事情背后，都有孩子独特的思维方式，有孩子对世界的探索与研究。这时，妈妈所要做的就是尽量用孩子的眼光来看待他，用孩子的心灵来理解他。

古希腊一位哲人说过：头脑不是一个要被填满的容器，而是一把需要点燃的火把。好奇是孩子的天性，父母在教育孩子的时候，要避免灌输式的教育，这样只会让孩子变成一台应试机器，让孩子失去最宝贵的好奇心，失去主动求知的欲望。生活中，当孩子兴奋地向你报告他们的新发现时，你要明白，这些发现非常宝贵，它不仅表明孩子对世界充满好奇，也表明他们在观察和思考。如果孩子问到超出他的年龄应知道的事，怎么办呢？不要责备他，因为孩子并不知道什么该问、什么不该问。

有位妈妈的做法很好，每逢孩子问到现在无法给孩子说清的问题时，她就告诉孩子："我把这个问题记下来了，到了你15岁的时候，我就会回答你的问题。"对这个问题，也许以后用不着父母回答，他自己慢慢就能明白，但这种做法让孩子感到他的提问受到了尊重和鼓励。赏识孩子的新奇发现，能更好地激发孩子的求知欲望，让孩子对学习更有兴趣，因为一个丰富多彩、充满奥秘的世界正在前方等着他去探索呢！

一位教育名家曾说过："孩子天生就是个探险家。"婴儿从呱呱落地便开始了对这个世界的探索，他们张开眼睛打量着这个世界，用耳朵聆听周围的一切声音。他们用手触摸、用嘴品味，努力调动身体的所有感官来认知这个世界。他们对未知的事物充满好奇，渴望在探索中发现奇迹。可生活中，不少家长却有意无意地阻止、限制孩子的探索行为，理由不外乎几点：危险、脏、给大人添麻烦、弄坏东西等。然而，这种种理由都不能成为限制孩子探索的理由。因为孩子需要在探索中了解世界、认识世界，通过探索获取进步，而危险可以预防，脏了可以洗干净。虽说会麻烦，但比起孩子的发展，那又算得了什么！

不浮躁:急躁心态容易让孩子失去耐心

1.急性子的小孩

生活中,有些孩子生下来就比一般的孩子"性急",例如对刺激反应强烈,吃奶、睡觉稍不顺心就大哭大闹,这类"急性子"主要是由孩子本身的遗传神经类型原因导致的。

有的孩子在新生儿时期或许并没有明显的性急表现,但是因为其养护人的性子比较急,或者家庭氛围比较紧张,孩子受到妈妈的影响,就容易变成躁动不安的"急性子",这类孩子的急性子便是"习惯性急躁"。

还有些孩子的"急性子"大体是从开始就喜欢说"不"产生的,一般出现在孩子一岁半之后,最早可以提早到13个月大时。这个时候,孩子的自我意识刚刚萌芽,他们越来越有自己的主张,如果这种主张得不到及时的支持与响应，孩子就会因为急于维护自己的主张而表现出过激行为，不了解这个心理发展特点的成人就可能认为孩子的性子比较急。

另外，有的孩子平时可能并不性急，但在生病或遭遇其他情感波折时会突然出现性急反应，这种"急性子"是因为孩子生理不适、生活变故等原因而暂时出现的。

孩子的"急性子"一般是上述原因混合影响而成，需要妈妈综合考虑各种可能性并做出相应的行为调整。尤其需要注意的是，任何情况下都不要抽象地批评孩子"性子急"，更不要当着别人的面议论孩子的"急性子"，以免孩子受到消极心理暗示而变得更加性急。

吴莉从小到大都是直性子，快言快语，风风火火，在高中阶段，没觉得有什么不好，老师还经常表扬她学习上进，工作有魄力。可到了大学后，她就越来越不适应。她安排同学的事情，别人难以按期完成，她批评几句，别人爱理不理。渐渐地，她把身边的人都得罪得差不多了，她为此感到很苦恼。

偶尔的机会，吴莉接触到了心理书籍，才懂得搞好人际关系需要掌握技巧。于是，她向咨询师咨询。在咨询师的指导下，她分析了原因，她得罪人的原因是因为她没耐性，稍微有些不合意就会变得很急躁，弄得她现在独来独往，心里很不是滋味。

吴莉从小就耐不住性子，她要的东西，必须马上得到，否则就哭闹。上小学时，妈妈要上班，没有很多时间管她，她只好自己管自己，做饭、洗衣几岁就学会了。她接受能力强，成绩也不错，所以面对那些反应迟钝的人，她就会很不耐烦，觉得他们很笨。事后，她也会后悔，不该这样，但就是控制不住自己。比如学校组织演出，她是系里的负责人，一首配乐诗朗诵，表演的同学老是忘词，她说："你们怎么连一首诗都记不住呢？到台上，那不丢人现眼？"同学说："你能干，你上呀，我们笨，不演了。"结果，节目没有上台。有次组织同学郊游,见5位同学掉队了,她就不耐烦地说:"快点,这么磨蹭,你们不怕影响大家呀。"就这样,同学们一个个对她敬而远之。在同学们的要求下,学生会主席改选,她落选了。

吴莉处理不好同学关系,失去了同学的信赖,是她的性格太急躁,不能适应大多数同学所致。

她"急性子"产生的原因是多方面的,这固然有天生的原因,但妈妈也有责任,过去的老师引导也有一定问题。因为她的成绩好,妈妈和老师都忽略了她的性格成长问题,使她逐渐养成了习惯,以为自己的言行是理所当然的。等她到了新的环境中,就不适应了,压力随之增加。类似吴莉这样的急躁性格在学生中间也不少见,妈妈们应予以重视,尤其要从幼儿时期就开始引导孩子纠正性格偏差,养成良好习惯。

急性子的人学习、办事往往凭借心情,兴趣一来,马上动手去干,既无认真准备,又无周密计划。有时某项工作才开了个头,就急于见成效,特别是当工作遇到困难时,更是急得如热锅上的蚂蚁,恨不得来个"快刀斩乱麻",一下子把问题解决。问题解决不了,就会产生挫败感。

这种性格往往会使人心神不宁,经常生活在惴惴不安中,还会打乱人的生活、学习、工作的正常秩序,导致"忙中出错,忙中添乱"或者"虎头蛇尾,不了了之"。这类人不能耐心倾听他人意见,急躁时容易发怒,因而会严重影响到人际关系,同时还会危害自己的身心健康。

面前的蛋糕还没吃完,丁丁便迫不及待地嚷着要吃巧克力;在游乐场看到好玩的滑梯,丁丁无视前面正在排队的小朋友,自己硬要抢先上去玩;上兴趣班时,丁丁发现自己怎样也无法做好,便想要放弃;遇到要求没有被及时满足的时候,他立即发脾气,甚至情绪失控……如此种种,3岁的丁丁在妈妈的眼里就是一个"急性子",遇事没有一点耐心。

磊磊现在2岁7个月，准备9月份上幼儿园，孩子其他都好，就是性格很急，没耐心，要什么东西就要马上拿到，不然就一边叫一边往地上躺。对于这个问题，妈妈试过很多办法都不管用。最令人头痛的是，每个星期天上的早教课，磊磊总是坐不住，也不合群；当大家要围着圆圈走的时候，他走两步就躺在地上，拉他起来就发脾气；老师拿教具出来教大家怎么玩时，他马上就过去抢，不给他就又哭又叫。这时，另外一个老师就会拉他到一边一对一地教他，教具拿到手，磊磊就不哭了，并会按老师的要求完成。

其实，幼儿的任性、不通情达理和妈妈的抚养方式有很大的关系。过分娇惯、迁就孩子，往往会强化幼儿的利己心理，从而难以形成理解他人、为他人着想的习惯。每个孩子都会经历从"自我中心"到"去自我中心"的心理历程，任性心理是孩子心理发展的一个必经阶段，妈妈在此阶段不应简单地否定、批评孩子。

日常生活中，妈妈可借助生活中的点点滴滴让孩子明白，每个大人都有自己非常重要的事情需要去完成，当这些事情和孩子的需要有冲突时，孩子应当学会谅解。孩子经常会提出一些在大人看来不合情理的要求，如果孩子的要求是合理的，妈妈应履行职责，满足孩子的需要；如果孩子提出的要求不太合理，妈妈可暂时采取"冷处理"，大多数孩子最终会放弃要求。

妈妈在拒绝孩子要求的时候，应耐心告诉孩子自己的想法，并让他知道，爸爸妈妈很不喜欢他用哭闹的方式解决问题，使孩子逐渐学会讲道理。两岁的孩子是一个特殊的时期，这阶段的孩子自我意识增长很快，表现是爱说"不"，"很不听话"。其实，如果孩子以前比较懂道理，这时就要耐心一些，对他讲点策略。比如，孩子平时爱说"不"，这时，妈妈可以在让孩子做什么事时提供几种方式给他选择，这样他就不能说"不"了。

面对性急的孩子,妈妈的语气要平和,态度要坚决,不该做什么事,什么事不对,都需要心平气和地告诉他。记住,是要"告诉",而不是"训",不是"骂",也不是"打"。要有规矩,哪些规矩犯了结果怎样要事先讲好,然后大人和孩子都按规矩办。不是大人惩罚孩子,而是大人协助孩子强化按规矩办事,孩子自己要承担他选择做错事的后果,要对自己的行为负责。

2.兴趣转移太快的孩子

孩子前一秒喜欢的还是米老鼠,下一秒就变成了喜羊羊,妈妈一直无法理解孩子的这种心态。其实,孩子的兴趣和爱好转移太快是很正常的。通常情况下,小孩子都比较喜欢五颜六色、新鲜的事物。可这些五颜六色、稀奇古怪的新鲜事物太多了,再加上孩子喜怒无常的特性,发生兴趣转移现象是最正常不过的一件事情。

2岁的阿力特别喜欢荡秋千,但每次也就坚持玩1分钟而已,他的妈妈说:"下一分钟,他就问我可不可以去喂狗,不一会儿,他又跑去踢球,然后又回来荡秋千。我被他折腾得筋疲力尽。"

心理学家认为:"在与周围环境的相互作用中,她们能吸取到最丰富的知识。"美国的一位心理学家也说过:"各种不同的经历有助于形成大脑内神经中枢系统间的相互联系,儿童可以由此不断得到新的信息。"也就是说,孩子对一件事情的兴趣会很快消失,其关注某件事情的时间一般情况下不会超过15分钟。

实际上,孩子兴趣转移的速度会随着年龄的增长而慢慢地有所缓解。孩子在2岁的时候,兴趣变化是最快的,而等到孩子12岁之后,这种变化的速度就会减慢,有的小孩此时已经有了固定的兴趣和爱好。虽然孩子的兴趣转移过快是正常的表现,但妈妈也不能任由孩子随意地发展。这个时候,妈妈应慢慢地培养孩子的注意力,使孩子对某一事物专注起来,这对孩子日后养成良好的学习习惯也是有好处的。

"妈,你给我报个兴趣班吧,我不想每天都出去玩了。"田宏对妈妈说。

"儿子,你喜欢什么?妈妈明天就给你去报。"

"报个美术班吧,画画挺好的。"

3天后,田宏又对妈妈说:"妈,那个美术班我不想去了,你给我换一个吧。"说着,田宏把妈妈前几天买回来的画具扔到了一旁。

"怎么不去了?不是画得挺好的吗?"

"没意思,这次我要报吉他班。"

一个星期后,"妈,我的手指都破了,你给我换个班吧,我现在一点儿都不喜欢吉他。"

……

孩子对一些新鲜的事,刚开始总跃跃欲试,干劲十足,可热情一过,就会兴趣全无。那么,怎样培养孩子的耐性呢?

(1)教育孩子学会"迟延满足"

现代社会里,物质丰富,生活快捷方便,加之妈妈爱子心切,孩子有什么要求,总能迅速得到满足。久而久之,就会造成孩子缺乏耐心等待和自我努力的意识。

所以,对孩子的要求,妈妈不要马上满足,最好让孩子通过某种努力来获得。心理学家通过实验证明,这样培养出来的孩子能靠对未来奖赏的想象来代替即刻的满足,因此,他们比其他孩子更能抵御周围的一些诱惑而坚持把事情做完。

(2)不要打扰孩子做事

在孩子做事的过程中,妈妈切勿随意打扰,以免孩子养成半途而废的不良习惯。如:拼图拼到一半时不要喊他去吃东西;练琴没有结束,不要跟他说别的。这些都是为了让孩子养成一种做事有始有终的好习惯。

(3)教孩子学会承担责任

让孩子适当承担一点责任,比如叫孩子干点家务,培养孩子的恒心和毅力。(这点是指大一点的孩子)

(4)妈妈要做好榜样

许多孩子没有耐心,是因为妈妈对孩子做事的要求往往也是虎头蛇尾。所以,妈妈要注意不造成孩子半途而废的行为习惯,在开始一种新的活动之前,必须让他把正在进行的活动有个了结。如让孩子去洗澡,应在开始烧水时就告诉孩子画好这张画后再去洗澡,并在孩子洗澡之前认真检查画到底画完没有。

(5)给孩子设置点障碍

妈妈应该有意识地给孩子设置点障碍,为孩子提供一些克服困难的机会。因为耐心是坚强意志磨炼出来的,越是在困难的环境中,越能锻炼孩子的耐心。孩子经过努力完成一件事后,妈妈应当及时给予表扬,强化孩子做事有始有终的良好习惯。

(6)集中孩子的精力,使他们持久地沉浸在一种活动中

在帮助孩子专注一件事情的时候,妈妈也要表现得有耐心一点儿,不要因为生气而对孩子责骂和催促,这样对集中孩子的注意力都是有害的。

3.急性子妈妈更容易让孩子失去耐心

说现在的人们生活节奏变快是有道理的,因为长期处于紧张快节奏中,妈妈们的神经陷入了难以放松的状态,工作时风风火火,注重效率,下班后依然心急火燎。晚饭必须7点前完成,洗澡必须8点前开始,10点前必须上床睡觉,时时刻刻都要在自己的掌控范围内,一旦时间超限,就会慌张焦虑,注意力不集中。这样的职场急性子带入家庭生活中以后,不仅会降低妈妈们的生活幸福感,对孩子的教育和成长也很不利。

每天早晨上班上学前的那一段时间,对在职场打拼的急性子莫妈妈来说,是最紧张且忙碌的时候,就像打仗一样——

早晨6点50分,莫妈妈准时把蜜儿从睡梦中叫醒,让她自己穿衣服,自己就忙着去做早餐。可莫妈妈早餐都做好了,蜜儿的纽扣还没扣好,裤子还没穿,性急的莫妈妈不顾蜜儿的反对,强行替她穿好衣服。等蜜儿洗漱完毕,莫妈妈让蜜儿快点吃早餐,然后自己去收拾房间。等她忙完,发现蜜儿还没吃掉多少,着急的莫妈妈只得从蜜儿手里夺过勺子,三口两口就喂起饭来,然后拉着蜜儿匆匆往学校赶……

急性子的妈妈往往会教育出没耐心的孩子。妈妈总是催促孩子吃饭、写作业、洗澡、睡觉,孩子就很难安静地、有耐心地去做一件事,也享受不到做事的成就感,久而久之,她们也会养成为效率而生活、学习的习惯,对学习没耐心,遇到难题容易放弃,或者胡乱完成,容易焦虑,课堂上经常注意力不集中。很多孩子缺乏耐心,其实都是受到了妈妈的影响。

李敏和老公因为忙于各自的事业,年龄稍大后才要孩子。当李敏和老公看到自己朋友家的孩子都上初中,而自己家的小孩才上小学,他们很着急。

因此,在孩子三年级的时候,李敏就和老公商量着给孩子报特长班。期间,李敏给孩子报过美术班、英语速成班、作文指导班等。但这些并没有让孩子变得聪明起来,反而让孩子有了很严重的厌学情绪。

一次,李敏给孩子指导数学作业,其中有一道数学题她教了孩子三四遍,可孩子好像就是听不明白。看到孩子那疑惑的样子,李敏的气不打一处来,"这样,知道吗?就是这样做就对了!"李敏强按着孩子的手开始做题。

孩子被妈妈的举动吓哭了,扔下笔就跑开了。

很多妈妈急于求成,不惜花重金给孩子报各种各样的补习班、兴趣班,可最后孩子能学到的东西却很少。事实上,报补习班、兴趣班是可以让孩子学到一些东西的,但妈妈过于强调、过于严厉,会让孩子失去学习的兴趣。妈妈应该偶尔给孩子放个小假,偶尔让孩子睡个"懒觉",以放松他们紧张的心情。

如果妈妈真的没有办法做到让自己心平气和地看待孩子的问题,那么妈妈可以试着这样问自己:"我着急,孩子就会做得好点吗?""我的急于求成,孩子能接受吗?"

对于急性子的妈妈来说,做到以下几点能够极大地改善亲子关系和孩子的情绪。

首先,给孩子准备一个写作业的房间,妈妈尽量不要去打扰他,不要催促孩子,也不要出现在孩子的周围,让孩子独自完成作业。久而久之,孩子就能安心面对作业,情绪上的焦虑感也会有所缓解,注意力也会随之提升。

其次,对孩子多点耐心。急性子的妈妈要明白,对孩子的注意力训练其实也是对自己的注意力训练,对待孩子的问题时,多一点耐心,不去急切地寻求答案,用心感受和享受生活,孩子必定会受到感染。一个有耐心的妈妈可以循序渐进地指出孩子在某件事上犯的错误,引导孩子认识错误、改正错误。一个有耐心的妈妈也可以用几个小时的时间陪孩子观察蚂蚁,研究拼图。

最后,将注意力集中在正在进行的事情上,不忧虑结果,也不做过多安排,只享受过程。其实,当孩子为了一件事而急躁不安时,引导他平静下来的方法很简单,那就是专注于眼下。比如,乘公交时,孩子急切地问:"怎么还没到?"这时离目的地还很远,妈妈不如引导孩子看向窗外,欣赏窗外的风景,也可以给孩子讲一些和窗外风景有关的知识,比如交通规则、交通工具的英文单词等,这样,孩子的注意力便会集中到有趣的事物上,而不再烦躁不安。

4.让孩子明白,成绩是靠付出换来的

每个孩子都希望自己成绩优秀,比其他同学出色,可很多孩子嘴上说着要好好学习,却从不踏踏实实地真正坐下来看几分钟书。当孩子看到其他孩子的成绩比自己好时,又会不屑一顾地说:"神气什么?

这次只是你走运而已。"或者冷冷地说上一句"他天生就比我聪明,考得好也很正常",甚至有的孩子还会认为自己不是学习的料,从而"破罐子破摔"。

这样的想法是错误的,如果妈妈发现孩子有这样的想法,就要告诉他:"想要有好的成绩,就要自己付出实际的行动,只说不做,永远都不会有改变。"而相对于那些付出了努力依然没有取得好成绩的孩子,妈妈也不能表现得太着急,应及时告诉孩子:"努力学习也要有好的学习方法,并且要坚持下去,这样成绩才会慢慢地有所提高。"

孙月是个上进心很强的女孩。一天,孙月拿着刚刚发下来的数学试卷和妈妈说:"妈,我是不是很笨呀?为什么每次都考得这么差?"

"没关系,下次考得好点儿不就可以了吗?"妈妈笑着和孙月说。看着还是很不高兴的女儿,妈妈接着说:"你知道其他同学为什么考那么好吗?"

"为什么呢?"

"你没有发现,成绩比较好的同学一般都比你认真努力吗?"

"是,他们做作业很仔细,有时一道题目,他们会提出好多不同的解法。"

"这就对了,每个人的成绩都是通过自己的努力换来的,比你差的同学上课时肯定没有你认真。"

听到妈妈这样说,孙月点了点头。

"所以,你不要觉得成绩好的孩子就一定聪明,他们只是很用功而已。"

"那妈妈,是不是我只要用功地学习,也可以考一个好成绩呀?"

"当然,不过,学习方法也是很重要的。"

听完妈妈的话,孙月高兴地回屋看书去了。

不知从什么时候起,很多父母觉得不应该让孩子承受一点学习和生活压力,这其实是陷入了一种误区。父母必须让孩子知道,成功的道路上一定伴随着曲折,充满了艰辛,要想获得好的学习成绩,就必须努力付出。

天下没有掉馅饼的事,只有通过自身的不懈努力、刻苦钻研,才有成功的可能,学习也是一样。谁不是一路考试拼搏上来的?谁小时候不是一大堆家庭作业,有时做得不好还要被老师批评?让孩子快乐成长是正确的,但这并不是说可以纵容孩子逃避学习的辛苦,寓教于乐的教育方式并不意味着孩子不需要刻苦学习。

优秀学习成绩的取得,需要孩子在别人玩游戏、看电影的时候静下心来学习。有的孩子心智比较早熟,从小便有自己的远大志向,所以,他们在学习过程中有自己的奋斗目标,并为此而努力;也有些孩子没有树立远大的目标,但至少有一个像考上好中学或好大学这样的短期目标。无论是哪种情况,他们首先都有一个目标,并在实现目标的过程中努力付出。

小博小的时候学东西比别的孩子慢半拍,为此,他的父母非常苦恼。今年,小博上小学了,就当父母认为小博不会有什么好成绩的时候,小博却带回了一张100分的试卷。这是一张数学测验的试卷,上面被老师画满了红色的勾勾。

"这是你的卷子吗?"爸爸吃惊地问小博。

"当然是我的,上面有我的名字啊!"小博自豪地对爸爸说。

"小博真不错,告诉妈妈,你是怎么考出这么好的成绩的?"妈妈问道。

"老师讲课的时候我经常听不太懂,所以下课之后同学们都出去玩了,我就把不懂的地方拿去问老师,老师再给我讲一遍,我就全懂了!做作业的时候如果有不会做的题,我就把老师讲的课再复习一遍,不会做的题也就会做了。"小博高兴地对妈妈说。

听了小博的话,妈妈的眼圈一下子红了。虽然自己的孩子算不上聪明,却如此好学和努力。

"小博真努力,是我们的好孩子!"妈妈含着泪说。

在一个学校或者班级,通常有两种学生最受老师喜爱:一种是非常聪明又非常努力,从来都不因为自己的聪明而骄傲自满的;另一种是不算聪明却非常努力,从来都不为自己的不聪明而自卑的。由此可见,努力的孩子到哪里都是受欢迎的。

父母应该赏识孩子的勤奋和努力,对他们的努力给予最热情的支持和鼓励。不要因为孩子不聪明而气馁,而应该为孩子不努力而担心。始终记住一句话:"所谓天才,是百分之一的聪明加百分之九十九的勤奋!"很多情况下,父母应该故意淡忘孩子的聪明,重视孩子的努力,并把这种理念传递给孩子,让他们感觉到只有努力才能获得父母的认可和夸奖,进而逐步明白一个道理:聪明往往只能决定一时的成败,只有努力能决定一世的命运。

当孩子在学习或其他方面取得优异成绩时,不要把这个成绩归功于孩子的先天优势,而应把观注点集中在孩子的后天努力上。应该告诉他:"成绩真不错,这都是你努力学习的结果!"

5.教孩子该怎么做,而不是一味责备

孩子表现不好,家长如果总是评头论足、抱怨责备,孩子就可能会做得越来越差。最糟糕的是,家长总是喜欢用定论式的口吻对孩子进行批评,说出一些很伤害孩子自尊的话——"你笨死了!""脑袋里面装的是什么?糨糊吗?不会转个弯呀?""你看看,谁家孩子像你这么笨,一点儿都不给我们争气。"……

在教育孩子的时候,家长的态度是很重要的。如果家长总是用消极的态度和责备的语气教训孩子,孩子就会感到失望,最后甚至会自暴自弃;如果家长的态度过于偏激粗暴,孩子不仅不会听话,还会有抵触心理,甚至会在某件事上和家长对着干。所以,家长可以指出孩子错误的做法,但不能借机指责孩子,更不能以此嘲讽孩子。

比如,孩子拿橄榄球的手法不对,家长可以对孩子说:"这样拿橄榄球是不对的,应该双手拿球,并且用身体的一侧来保护橄榄球。"这样,在让孩子认识到错误的时候,也能让孩子知道正确的做法。

周莲的儿子多多12岁了,成绩很差,班里的任课老师都不喜欢他,同学也很少主动和他玩。一天,多多拿回了一张只有58分的试卷,妈妈看到成绩单后,生气地问多多:"为什么考这么少?"

"我不会。"多多小声地说。

"这么简单也不会,你简直笨死了!你每天都是怎么上课的?"妈妈越说越生气,"快点进屋去写作业,下次如果还考这么少,你就别吃饭了。"妈妈冷冷地说完这句话后,就去做饭了。

多多看着试卷上的"58",伤心地哭了。

孩子总是被父母否定,会觉得自己一无是处,久而久之,就会丧失信心、上进心,进而"破罐子破摔"、"死猪不怕开水烫",到那时,就谁都没辙了。

赵先生的儿子今年上初三,平时在班里很淘气,这次期中考试也没考好。家长会后,班主任跟赵先生提出了一些建议,希望父母回去做做工作。赵先生回家后越想越生气,不但把老师说的话都告诉了孩子,还对儿子大发雷霆,新账、旧账一起算了。

像赵先生这样的父母不在少数,他们非常重视老师的意见,往往会把参加家长会后的紧张、忧郁、愤怒情绪,在见到孩子的第一时间就倾倒出来。这样不但会伤害孩子的自尊心,也会影响其日后的学习积极性。大多数成绩不好的学生都怕开家长会,有的甚至不告诉父母学校要开家长会这件事。即使学习不错、受了表扬的孩子,家长会后也很难听到表扬,父母常常把表扬的话淡化,把批评的话放大。

其实,就算是批评孩子,也是要讲究技巧的。

孩子做错事时,总会担心父母会批评责备自己。这时,如果家长批评他几句,他就会有一种"如释重负"之感;但是,如果家长批评指责孩子的次数太多,孩子就会对父母的批评产生"抗体"。相反,如果家长适时对孩子的错误保持沉默,反而会让孩子有一种紧张的心理,让他们在沉默的父母面前感到"不自在",从而自觉地反省。

有些孩子闯了祸之后,因为害怕遭到父母的责骂而把责任推到其他人身上。面对孩子这种逃避责任的行为,家长可以让孩子思考:如果自己是对方(被嫁祸的人),知道对方这样说自己,自己会说些什么、做些什么?如果自己因为对方的嫁祸而被父母责罚了,自己会怎么办?这样做对吗？慢慢地，孩子就会发现自己的过错并改正。

无论孩子犯了什么错误，家长都要心平气和地教育孩子，让孩子明白家长的用意，这样他才会愿意接受家长的批评和教育。

6.教孩子每次只做一件事

在孩子学习的过程中，最大的"敌人"就是注意力不集中。而这种"注意力不集中"，一方面是孩子本身的原因，另一方面也是妈妈让孩子同时做几件事情造成的。比如，孩子在写作业的时候，妈妈时不时地让孩子做家务；孩子还没有洗完自己的衣服，妈妈又吩咐孩子把垃圾扔掉；孩子还没有走出家门去买酱油，妈妈又让孩子帮忙洗菜，等等，类似这样的例子很多，妈妈总是让孩子同时做很多事情，或者是孩子的一件事情还没有做完，又吩咐孩子做另一件事。

儿童教育专家认为，孩子只有在小时候形成一种专注的习惯，他日后才能在做事的时候不被其他的事物所干扰。因此，妈妈要及时培养孩子做事专注的习惯。而每次只让孩子做一件事情，是使孩子集中注意力最有效的方法。

一天，亚亚在茶几上写作业，妈妈的朋友郑阿姨来家里做客。亚亚看见郑阿姨很高兴，把笔一扔，就要和郑阿姨玩。

"写完作业再和阿姨玩。"妈妈呵斥道。

慑于妈妈的威势，亚亚只好乖乖坐下来写作业。但亚亚写得很不专心，她在作业本上"画"几笔，就不时看着妈妈和郑阿姨。妈妈发现亚亚在看着自己,就对她说:"亚亚,快去把你的奖牌拿过来,给你郑阿姨看看。"听到妈妈这样说,亚亚当即高兴地去拿自己的奖牌。

过了一会儿,妈妈又让亚亚去洗水果、拿饮料、点心,亚亚就这样不断地给妈妈和郑阿姨"服务",同时写自己的作业。等到郑阿姨走了,妈妈检查亚亚的作业时,才发现亚亚还有很多题没有做完。"写个作业怎么这么费劲,每次都拖拖拉拉的。"妈妈说道。

亚亚委屈地和妈妈说:"你总是不停地让我干活,我哪儿还静得下心来写作业呢?"

"没有写完作业还有理了?快点写,没写完不准睡觉。"

很多妈妈都习惯在孩子还没有做完一件事情的时候,就急于给孩子安排其他事情。由于孩子的自我安排能力差,在面对妈妈的诸多要求时,孩子往往不知道要先做哪件事情。他们经常手里做着一件事,心里又想着另外一件事,这样,孩子的注意力很难集中。所以,妈妈一定要等孩子做完一件事情后再安排另一件事。

很多孩子在写作业的时候,会有和妈妈或其他小朋友说话的习惯,这样会分散孩子的注意力。因此,妈妈在孩子写作业的时候,要闭上自己的嘴,忍住纠正孩子错误的举动,拒绝回答孩子无关学习的问话。在孩子写作业的时候,妈妈可以安静地干自己的事情,避免在孩子面前谈论有关他的话题。

妈妈还可以给孩子一个闹钟,为他定好时间,并让其在规定的时间里完成作业。妈妈也要和孩子说好,闹铃没有响之前是不可以出去玩的。如果孩子在闹铃响之前就做好了作业,妈妈可以给孩子一些奖励,比如,让他多看一会儿动画片、允许他出去玩等。

如果孩子在做某件事情的过程中出现了错误,妈妈切记不要因为急于纠错而打断孩子,而应等到孩子忙完手里的事情后再去纠正,并给予孩子正确的引导。

7.教孩子学会坚持

当孩子要打退堂鼓的时候,妈妈能否陪着孩子一起坚持;当孩子提出无理要求的时候,妈妈能否狠心拒绝;当孩子按照要求达到一定的目标的时候,妈妈能否及时肯定孩子的努力,并给予奖励和鼓励,这一切都决定孩子能否学会坚持和忍耐。如此说来,培养孩子坚持忍耐的性格其实是对妈妈的一种考验。不过,凡事只要去做,就定会有结果,所以,要想孩子收获最后的成功,妈妈需要持续地播撒种子。

皮皮从小就爱玩拼图,在幼儿园时拼的是几块到几十块的,上小学以后,皮皮提出了更高的要求,开始拼500块甚至1000块的拼图。

拼拼图是极考验耐心和细心的,因为那些块数多的拼图比较难,皮皮便邀请妈妈和爸爸帮忙。到后来,每次皮皮买回来新的拼图,总是全家一起上阵,在地板上拼。回想起来,那是一个看上去很滑稽却很温馨的画面,3个人在地板上,或坐或跪,头扎在一起,拼一幅《美少女战士》或者《史努比》,抑或别的图片。

不知道别人家玩复杂的拼图能用多长时间,皮皮家拼500块或者1000块拼图很少能一次性完成。起初,如果拼图一次拼不完,皮皮和妈妈就会打乱了收起来,下一次重新开始拼。所以,他们常常一幅图拼几次都拼不完。后来妈妈想了个办法,找来一块薄木板,在那上面拼,一次拼不成,就分多次完成。有一次拼一个《米老鼠之家》,1000块拼图,全家用时一个月。她们把拼好的部分和未用的小块都集中在木板上,木板就放在地板上,皮皮一回家或者写完作业就会趴在地上拼一会儿,妈妈和爸爸有兴趣也会按上几块。经过一个月,那些碎片终于变成了一幅完整的图画,看着漂亮的画面,皮皮高兴得手舞足蹈。

有很长一段时间,皮皮家的地板上总是有一幅没有拼完的拼图在那里摆着。一次亲戚来做客,就问地板上的拼图是怎么回事,皮皮妈妈解释后,亲戚很是佩服皮皮的耐心。他哪里知道,这是皮皮妈妈挖空心思,想方设法地锻炼皮皮的耐性。

小朋友缺的就是坚持做完一件事的耐心,拼图又是很琐碎的大工程,虽然花费了很长时间才做成,但这无形中让皮皮懂得只有善始善终,才会获得真正的成就和快乐,也让她懂得了"坚持就是胜利"的道理。

拼图如此,人生的有许多事情何尝不是如此,不可能一蹴而就,需要坚持和忍耐才能达到目的。

秋秋感兴趣的事情很多,她什么都想干,却常常什么也干不完。最让妈妈感到头疼的是,秋秋还经常把一件事情做到一半,就转身去做其他事情。

为了让秋秋改掉这个坏毛病,妈妈开始让她收拾自己的玩具。后来,妈妈让秋秋晚上睡觉前一个人去卫生间洗脸、洗脚、刷牙,秋秋有时候会做得很好,但大多数情况下都做不到。

一天,秋秋的小表弟来玩。妈妈拿出了积木,让两个孩子一起玩,可秋秋非要和小表弟比赛搭积木,看谁搭得又快又高。

小表弟有条不紊地把积木往上搭,如果积木塌了,就重新再搭一遍。秋秋却没有这个耐心,刚开始的时候,她搭得还挺认真,但是积木一不小心塌了,秋秋就拍拍屁股不玩了。

很多孩子都是这样,做事做到一半就没有耐心了。这样的孩子做事情往往没有计划性,什么时候想到就什么时候做,不想做了就放弃。每当父母和他们说应该坚持做完的时候,他们却不知道为什么要坚持,该怎样坚持。面对这样的孩子,妈妈要让他们学会坚持。

东东三年级时喜欢架子鼓,报了一年的课程,结果只坚持了三个多月就不肯去了。原因是每天放学要练半小时鼓,而这个时候正是小朋友们在楼下玩的时间,他觉得这占用了他的时间。妈妈觉得他说的有道理,就同意了他的决定。

去年,他说喜欢西班牙语,想学,妈妈便先下载了些资料给他,他玩了几天罗塞塔,然后又没了兴趣,说西班牙语太绕。妈妈想他英语刚刚起步,不能贪太多,了解一下,没有兴趣就算了。

今年,他对航模感兴趣,又报了班,也一直保持着兴趣,这期班六月初就结束了。他曾经说下期还要继续报,但过了一段时间又说不报了,理由是每周坐车去上课觉得累。

研究表明,3岁左右的孩子已经有了要坚持的意识,但这个年龄段的孩子,其坚持性的发展水平还很低,所以,孩子在3岁之前很容易放弃一些有难度的活动。孩子在4~5岁的时候,他们潜意识里的坚持会强烈一点,变得愿意坚持做好每一件事情。因此,妈妈培养孩子坚持不懈的品质需要从小开始。

每个妈妈都希望自己的孩子能够成功,在孩子还没有出生的时候,不少妈妈就给孩子设计好了他一生的发展蓝图,也做了很多很多的努力,可是,最后真正能够成功的孩子又有几个呢?在生活中,妈妈要让孩子慢慢明白:只有付出,才能有所收获;只有坚持,成功才会到来。

第九章

不自满：给骄傲的孩子"泼点冷水"

1.过分夸奖让孩子骄傲自大

很多家庭中普遍存在这样一种现象：只要孩子做了一点事情，父母就会给予孩子过多的赏识和言过其实的表扬。比如，看到孩子学会了自己洗衣服，妈妈会说："我的宝贝真能干，妈妈小时候还没有你这么能干呢。"看到孩子考了100分回来，妈妈会说："儿子真棒，谁也没有我儿子厉害！"

当"赏识教育"开始流行的时候，很多妈妈都在"赏识教育"的背景下，给予孩子更多的言过其实的赏识。在这种教育模式下，孩子的确会变得越来越自信，却也会渐渐变得骄傲自大起来。不管是在学习还是在生活中，孩子的成长都不能缺少自信，表扬是激发孩子自信最有效的方式之一。可是，很多父母没有把握好赏识教育的尺度，言过其实的表扬只会让孩子变成一个眼高手低、大话连篇的"低能儿",抑或是一个听不进半句批评的"自大狂"。

因此,父母要收起那些夸大的表扬,不要因为觉得孩子很棒,就不顾一切地把孩子吹上天,应该坚持一个正确的赏识方法。

严涛的父母都是白领,除了给严涛高质量的生活条件之外,父母也很重视严涛的教育。很小的时候,父母就对严涛进行"赏识教育"。

只要严涛有了进步,做了一点好事,父母就会大肆表扬他。有时,严涛做错了事,父母想要批评严涛,却会被宠爱严涛的爷爷奶奶拦下来。时间久了,严涛就没有之前那么爱学习了,慢慢地,他开始变得骄傲自大,根本认识不到自己的缺点。

四年级的时候,严涛没有完成假期作业,老师就批评了严涛几句,严涛当场就和老师争执了起来,还说老师留的假期作业太"垃圾"了,他懒得写。

孩子的自大心理,很大一部分是被家人惯出来的。

4岁的小明跟妈妈一起搭积木,两人约定谁先搭好谁就赢,结果妈妈先搭好了,小明耍赖说:"不行,那不算。"妈妈当然不同意,可她坚持了没多久,小明就哭了,她只好说:"这次算你赢了。"以后,每次跟小明玩,妈妈都因怕他哭而故意输给他。

做游戏时,妈妈故意输给孩子,会让他产生一种心理假象,以为自己很能干,能力很强,这样极易产生自大心理。所以,妈妈和孩子玩游戏时,应注意以下几点。

(1)让之有道

对年幼的孩子,妈妈为了激发其对游戏的兴趣,如下棋、跳绳等,开始可以放低水平,让孩子假赢。但要控制好节奏,随着孩子水平的提高,妈妈要逐步显露真实的水平,让孩子有输有赢。

(2)让在明处

妈妈在遵守比赛规则的前提下,根据实际情况,赛前和孩子约定让他几步,让孩子知道妈妈是在谦让他。如下象棋,基本规则是不许悔棋,双方都要遵守。考虑到双方实力的差距,妈妈可以除掉几颗棋子,再和孩子"比试"。而涉及到基本规则的,尽量不要让。让了哪些,也要摆在明处,让孩子知道。

(3)帮孩子熟悉游戏或比赛,增加获胜几率

熟能生巧,让孩子在比赛或游戏前进行充分练习,同时,妈妈要教孩子动作要领。比赛前还可以和孩子进行热身比赛。

(4)引导孩子多参加对等游戏

妈妈与孩子比赛,孩子相对处于劣势。多引导孩子与同伴游戏,双方实力均衡,这样的输赢更利于孩子成长。

(5)正确对待输赢

妈妈要引导孩子以积极的心态对待输赢。比赛或游戏重在分享过程中的快乐,而不是最终的结果。要告诉孩子,输了不要垂头丧气,下次还有赢的机会。还要引导孩子弄清输的原因,以便改进。赢了之后,要让孩子关注对方的感受,抚慰对方。此外,要引导孩子多参加团队活动,培养协作精神,学会合作。

有目的地对孩子实施赏识教育,适当的时候给孩子一点挫折教育,这种教育方式才是最适合孩子成长的。毕竟,孩子终将长大,总有一天会独自走向社会,到那时,任何成功都需要他自己去争取。

2.夸孩子聪明不如夸他用功

作家毕淑敏在《为你的夸奖道歉》一文中,讲述过这样一件事情:有朋友去北欧某国的教授家做客,在见到教授5岁的小女儿时,朋友除送上一份中国礼物外,还借机夸奖了小女孩一下:"你长得真漂亮,真的可爱极了。"这时,教授却要求朋友向他的孩子道歉。那位教授说:"你是因为她的漂亮而夸奖她,可漂亮不是她的功劳……你夸奖了她,孩子还小,她会认为'漂亮'是她的本领。一旦她认为天生的美丽是值得骄傲的资本,她就会看不起长相平平甚至丑陋的孩子……有一点,你是可以夸奖她的,这就是她的微笑和礼貌,这是她自己努力的结果。"

作为妈妈,应该夸奖孩子的勤奋和努力,并对他们的努力给予支持和鼓励,不要总用"你很聪明"来夸奖孩子。

上四年级的贝贝期中考试后,带回了一张100分的数学试卷。

妈妈吃惊地问贝贝:"这是你的卷子吗?"

"当然是我的了,你看,上面有我的名字呢!"贝贝自豪地对妈妈说。

"贝贝真聪明!走,妈妈带你吃好的去。"为了表扬贝贝,妈妈带着贝贝去了一家很贵的餐厅。

之后,贝贝把妈妈的那句"你真聪明"放在了心上,他认为自己很聪明,就算不努力,成绩也会很好。期末考试结束的时候,当看到贝贝只有60分的数学试卷时,妈妈生气了。但对妈妈的生气,贝贝却显得很淡定。

当妈妈责问他为什么考这么少的时候,贝贝理直气壮地说:"你不是说我聪明吗?之后我就没有努力,最后成绩就变成这样了。"

第九章　不自满：给骄傲的孩子"泼点冷水"

"宝贝,你好棒!好聪明!"这几乎是每个妈妈在赞美孩子时都会用到的夸赞语句,可最后会给孩子带来什么样的影响呢?美国一项教育调查报告告诉我们:妈妈经常夸孩子"聪明",很可能会害了他。

美国著名亲子专栏作家布朗森和梅里曼曾结合孩子心理研究的分析结果说过:"原来,'聪明'这个赞美词是先天性的,被赞'聪明'的孩子,一旦遇到困难,便以为自己不再聪明,于是潜意识里会避开所有令自己感到挫折的挑战,这些特点在经常被赞是'好学生'的群体里最为常见。相反,赞美孩子做事'用心',则指孩子后天努力而获得成果,所以孩子会在鼓励下继续用心努力完成任务,也不怕接受高难度的挑战。"

孩子的学习需要赞美,成长也需要赞美。给予孩子夸奖是很好的赞美手段,也是妈妈常用的教育方法。但妈妈在给予孩子鼓励时,一定要注意夸赞的方式和用词。如果总是在孩子面前用"聪明"这个词语,慢慢地,孩子就会以为自己不需要经过努力就能成功,这样不但会让孩子养成懒惰、不愿多思考的坏习惯,还容易将孩子本身的才华埋没。相反,如果妈妈夸赞孩子"用功",就等于是在暗示孩子,成功需要付出辛勤汗水,这样,孩子下次就会更加勤奋,遇到问题也会自己去刻苦钻研。

"业精于勤而荒于嬉",古往今来,许多资质聪明的人就是因为不再努力而变得平庸、碌碌无为,最典型的事例就是耳熟能详的《伤仲永》。

方仲永是一介平民,他家世代以耕田为业。仲永5岁之前不曾接触过任何书写工具,有一天,他忽然哭着要这些东西。父亲对此感到诧异,便借邻居家的东西给他,仲永立即写了四句诗,并题上了自己的名字。这首诗以赡养父母和团结同族人为内容,传送全乡的秀才赏阅。到后来,指定题目让仲永作诗,他也能立即完成,诗的文采和道理都有值得称道的地方。同县的人对此感到惊奇,便以宾客的礼节对待他父亲,有的更是用钱财请仲永题诗,讨取仲永的诗作。仲永的父亲感到有利可图,便每天拉着仲永四处拜访同县的人,不再让他学习。结果,通达聪慧的仲永在十二三岁时写出来的诗已经大不如前。又过了几年,他已经"泯然众人矣"。

现实生活中,很多沉湎于游戏、网络的学生确实聪明无比,但也正因为自恃聪明,他们忽视了勤奋的重要性,把过多的精力用在玩乐上,以致荒废学业,等到发现时,想用"聪明"去弥补挽救,已为时过晚。如果把资质聪明比作沃土,那么勤奋就是农民的勤劳耕作,一片令人艳羡的沃土如果不经常耕作,终将颗粒无收。所以,妈妈若想激励孩子在学习上积极主动,取得更好的成绩,最好的办法不是夸他们聪明,而是夸他们勤奋。

3.给骄傲的孩子"泼点冷水"

有些孩子觉得自己什么事情都能干,很多妈妈觉得这是孩子自信的表现,时间长了,才发现这是孩子自大的开始。所以,妈妈们不要怕打击到孩子的自信心,适当地说一句"你不行"会让孩子清醒许多。

1997年6月,杨喻呱呱坠地。在她5岁那年,爸爸妈妈离婚了,杨喻随妈妈杨盼盼生活。杨盼盼没有因为婚姻的破碎而自暴自弃,在亲朋好友的支持下,她成立了一家装修公司,财富积累达到了几千万。

杨喻自小就特别独立,成绩也很好。为了让女儿更加出类拔萃,杨盼盼把孩子送到培训班学舞蹈、模特、书法、钢琴、古筝等。令杨盼盼骄傲的是，女儿样样都很优秀。于是，她经常在女儿耳边念叨："将来一定要上哈佛大学。"

2007年8月，在婆家娘家两边人的极力劝说下，杨盼盼带着女儿到有关机构测试智商，测出来竟高达193分。对于这个结果，一家人别提有多高兴了，紧接着，"小神童"的名号就在周围传开了。

2008年，11岁的杨喻提出要到北京看奥运会。杨盼盼担心女儿太小，想陪她一起去，但女儿拒绝母亲同行，她觉得自己一个人完全可以。其后，急于独立的杨喻多次提出单独出游，杨盼盼拗不过女儿，每年的寒暑假期，杨喻都会只身外出旅游。

2008年1月，杨喻期末考试结束后，觉得自己各科成绩都不错，感到学习太轻松，便央求妈妈向学校申请跳级，杨盼盼没有答应。自小就在赞美声中惬意惯了的杨喻，哪里受过这种"挫折"。见妈妈不同意自己跳级，她的情绪立即降到了冰点。

第二天，杨喻刚好值日。班主任认为她的小组擦地不干净，而杨喻则认为这是老师在找茬，于是跟老师顶撞了几句，被老师罚站在走廊上。站在走廊的杨喻，像受到了极大的侮辱。联想到自己申请跳级，妈妈竟然武断地反对，她的脑海中升腾起了轻生的念头。

当天，杨喻利用午休时间跑到学校附近的药房买安眠药，售货员见是小孩来买药，警觉地询问她干什么用，杨喻装作坦然的样子说："妈妈最近总睡不好觉，让我来买安眠药。"售货员放心地把药给了她。拿到药后，她一口气服下了七八粒，之后又回到教室上课。

一个小时后，药力作用显现，她意识到了什么，许是害怕了，就对同桌断断续续地说："我……吃……安眠药。"同学连忙报告了老师，学校把她送到医院洗胃，幸亏剂量不大，抢救及时，才避免了悲剧发生。

很多孩子因为取得了一点儿成绩就得意忘形，认为自己很是了不起。当妈妈发现孩子有骄傲的苗头时,应该适当"泼点冷水",及时把孩子骄傲的火焰浇灭,也让孩子清醒清醒,学会更理性地评价自己,认识自己。

妮妮是一个聪明乖巧的孩子,她的家庭条件很优越,在家里,她是爸爸妈妈的掌上明珠。妮妮除了学习成绩好之外,各方面也都表现得很不错,深得各科老师的喜爱。

一天,同桌拿了一道数学几何题找妮妮帮忙解答。妮妮接过来,看都没看就说:"这么简单都不会,真是笨死了。"然后,妮妮就坐在自己的位置上开始做这道题。结果,妮妮做了半天也没有找到答案。而这时,很多同学都围了过来,甚至还有一个不怀好意的男生说:"哟,不是很简单吗?"

这下,平时不喜欢妮妮的同学都借机讽刺起她来。妮妮很生气,也没有心思再做下去了。她把本子和笔扔在地上,趴在桌上哭了起来。直到任课老师来上课,妮妮才停止了哭泣。下课后,班主任把妮妮叫进办公室,和她一起分析了原因。妮妮这才明白都是自己平时太骄傲了,才会引起同学的不满。最后,妮妮向老师保证,一定会改掉自己"骄傲"毛病。

俗话说,"虚心使人进步,骄傲使人落后"。对于成长中的孩子来说,抑制他们的骄傲和自大,是让他们学会谦虚待人的最好方法。可是,如果父母对孩子骄傲的行为置之不理,或者是没有及时抑制,那孩子在以后的人际交往和学习发展道路上,可能会遇到巨大的阻碍。

头脑发热的人容易失去自知之明,孩子头脑发热时,很难正确地认识自己,所以难免会产生骄傲情绪。而这个时候就需要妈妈适当地打击一下孩子,让孩子从沾沾自喜和洋洋得意的骄傲中走出来,正视自己的优缺点。妈妈应明确孩子下一步要努力的方向,帮助孩子培养不骄不躁、谦虚谨慎的性格,这样才不会让孩子在取得成绩后迷失自我。

需要注意的是,妈妈在给孩子"泼凉水"的时候要适度,否则很容易让孩子对自己失去信心。建议给孩子"泼完凉水"以后,也要和孩子谈谈,鼓励一下孩子,这样可以预防孩子失去信心。

4.让孩子学会善待批评和意见

一位心理学家通过研究证实:如果一个孩子从来没挨过批评,从小到大受到的都是表扬,孩子就会很容易变成"老虎屁股摸不得"的小霸王,不分是非,也不知道对错。等到长大后,他们会无法面对工作上的挫折,甚至无法适应社会,最终只能消极地活着。

因此,妈妈要适时地给予孩子批评教育,让孩子学会善待批评和意见,这是最重要的一种教育方式。生活中,能够让孩子学会善待批评和意见是一门学问,需要妈妈正确地引导,也需要孩子有一个谦虚谨慎的态度。

菁菁是小学五年级的学生,她的成绩在班里总是前几名,菁菁为此感到很骄傲。

一天,菁菁因为和同学玩得太晚了,晚上9点半还在赶作业。妈妈很心疼菁菁,就说了她几句。菁菁不但没有领妈妈的情,反而和妈妈吵了起来。爸爸听到女儿和妻子在吵,慌忙跑到女儿的房间。爸爸看着掉在地上的书本和哭着的妻子,帮菁菁把书本捡了起来,并把妻子推出了门外。爸爸坐下来和菁菁说:"妈妈刚才有骂你吗?"

"没有,可是她很烦,我要赶快写完作业睡觉。"菁菁气鼓鼓地说道。

"妈妈没有骂你,也没有责备你,她只是看到你这么晚了还在写作业,心疼你。再说了,你只顾着玩,不写作业,也是不对的。"

"可是……爸爸,我知道错了,我要赶时间。"

"如果你觉得你错了,那你为什么还会和妈妈吵呢?人要学会接受别人好的意见,这样才可以做得更好。如果爸爸妈妈都不管你,你没有进步,总有一天你会怨恨我们。"爸爸耐心地开导菁菁。

最后,写完作业后,菁菁给妈妈道了歉。

孩子犯了错误,妈妈批评孩子时,为什么有些孩子就是不肯认错?其实问题出在大人身上,如果教育方法正确,孩子就会比较容易接受父母的批评。

妈妈们要有意识地让孩子既听到正面肯定,也听到反面批评。此时须注意,对孩子的批评一定要语气温和,分析中肯,且以更多的表扬为前提。事实上,能适应批评的孩子,长大后往往也能适应社会,其中包括拥有正确对待来自他人的批评乃至非议的平和心态,以及较强的承受挫折的能力。

当妈妈苦口婆心地劝说孩子放弃一些不合理的要求却无济于事时,妈妈一定要坚持自己的决定。不管孩子哭闹得多么厉害,都应该假装没听见也没看见。孩子哭闹一阵后就会感觉没意思,到时自然就会放弃。

在批评的过程中,妈妈要记得允许孩子做出自己的解释,这样可以避免孩子虚假地表示接受批评,而把委屈留在心里,由此可能会引发孩子的各种心理疾病。同时,妈妈们也要让孩子明白,让他解释并不是让他推脱责任。

值得注意的是,妈妈刚批评完孩子,切忌马上就去安慰孩子。应该给孩子一定的时间去反思,这更有利于孩子接受批评。当然,过后等孩子的心情好一点儿时,妈妈可以跟孩子沟通,让其说出自己的想法,这样,教育效果会更好。此外,批评孩子时不要翻旧账,不要老是记着孩子以前不好的地方,让孩子觉得他在妈妈面前永远无法翻身。孩子正处在学习做人的过程中,妈妈要原谅孩子的过错。动辄翻旧账,不但会伤害孩子稚嫩的心,还会让孩子养成记仇的恶习。

妈妈一定要教会孩子善待批评,因为批评可以和表扬一样,成为鼓励孩子前进的春风,而且起着表扬难以起到的警示作用。

5.为孩子安排具有适度挑战性的游戏

孩子谦虚的心态不是天生就有的,谦虚和乐观一样,也是需要在孩子成长的过程中慢慢培养的。妈妈可给孩子提供一些具有适度挑战性的游戏,给孩子创造锻炼自己的条件,让孩子接受考验,并在考验中学会谦虚。

孩子的求知欲一般都很强,遇到新奇的事物和活动都想探个究竟。但是,由于基本知识和技能以及生活经验的不足,他们不能熟练地操作某些玩具,这时就会产生挫折感。对一些本就十分骄傲的孩子来说,给予其无法独立操作的游戏,会让孩子看到自己的不足。当孩子能够轻松地接受游戏中的失败时,他就会清楚地认识到自己的不足之处,之前的骄傲自负心理也会得到缓解,孩子谦虚的性格也就逐渐地培养起来了。

巴布是个很自负的孩子，为了让他不再表现得那么骄傲，父亲给他准备了一些具有一定挑战性的游戏，想以此来改变巴布平时趾高气扬的态度。

巴布第一次拿回双百的成绩单向妈妈炫耀的时候，爸爸就带着他去了旱冰场。开始的时候，巴布觉得滑旱冰太简单了，兴奋的巴布并没有问爸爸滑旱冰的技巧，也没有请爸爸做出示范，就自己穿着旱冰鞋上了场地。因为没有把握好平衡，巴布摔了一跤，当时疼得巴布直掉眼泪。看着旱冰场上来去自如的爸爸，巴布忍着疼自己爬了起来，继续走向旱冰场。几次下来，巴布不是因为平衡感不够，就是因为步伐不对而屡屡失败。一天下来，把巴布摔得直喊疼。

回家的路上，爸爸问巴布有什么感受。巴布拉着脸说："原来我也有不行的时候。爸爸，你教我好吗？我一定会学好的。"爸爸看着没有了嚣张气焰的巴布，很认真地点了点头。

现在，不少大商场开辟了儿童游乐场，妈妈们在场外排排坐看手机，孩子们在攀援架上爬上爬下，但身上都有安全带，身后还有工作人员随时跟着，这就是大多数孩子的游戏状态。而德国进行过一个为期8个月的试验，一群孩子在保护得特别周全的环境中生活8个月，另一群孩子在充满挑战性游戏的环境中生活8个月。进入正常环境后的监测结果显示，过度保护的孩子发生安全事故的几率更高。

每个孩子的接受能力和发展状况是不一样的，因此，当妈妈为自己的孩子提供具有挑战性的游戏时，也要考虑到自己孩子的特点，最好能够让孩子在感受到乐趣的同时，品尝到失败的滋味。但是，如果妈妈给予孩子的挑战性游戏难度太大，可能会打击孩子的自信心，从而让他对有挑战性的事情都充满恐惧。

为孩子提供适度具有挑战性的游戏，对孩子来说，不仅可以让他们变得谦虚,更可以让孩子通过挑战有难度的游戏,学到克服困难的本领,间接地,妈妈也可以培养孩子乐观自信的心态。

日本电视中有两项经常举行的比赛。一项是让一个母亲给4岁的孩子3000日元,让孩子一个人进入商业街,去寻找和购买3样指定的物品,并限时3分钟返回。这对一个幼儿的智力、语言和勇气是极大的挑战。孩子不仅要记住母亲要他采购的3样东西,还要同各种商店店员及行人打交道。

另一项是让一个6岁的儿童自己去10公里外的一个亲戚家,母亲则化妆成一个陌生人,看着孩子如何找路人指路,如何干渴难耐,如何疲惫不堪。悄悄跟随的母亲每每心疼得流下泪来,但决不会帮孩子一把。

日本孩子从上学第一天起,不管家离学校有多远,都是由自己走着去。路上有什么困难,也是自己想办法解决。而且,日本妈妈从小就培养孩子耐寒抗冻能力,他们上学时只穿单衫短裤,即使寒风刺骨,女孩依然穿短裙和白袜。当寒冬来的时候,小学开始为期一个月的晨跑,要求每一个学生只穿单衫短裤在操场上跑。学校的工作做得非常细致,他们会发给每位妈妈一份表格,要求妈妈每天一早测量好孩子的体温,填在表格上,并盖章表示是否同意今天让孩子晨跑。孩子持表格到校,由班主任检验盖章,之后再参加晨跑。

妈妈轻而易举能做到的事情,对能力有限的孩子来说,或许就很困难。所以,妈妈不用费尽心思地想什么样的游戏适合自己的孩子而又有挑战性,孩子不能马上就做到的事情,都可以成为孩子具有挑战性的游戏。妈妈要学会抓住生活中的每一个细节,随时为孩子提供富有挑战性的游戏。

6.给孩子创造遭遇挫折的机会

随着社会的进步、经济的发展,孩子们的生活条件越来越优越,这些"蜜罐"里长大的孩子,如果不进行适当的挫折教育,可能会缺乏某些对他们终生发展都具有极重要意义的心理素质。这一问题已经引起了全社会的广泛关注,心理学家、教育学家等都纷纷呼吁:今天的孩子需要挫折教育。

所谓挫折教育,是指在正确的教育思想指导下,根据幼儿身心发展和教育的需要,创设或利用某种情景,提出某种难题,让幼儿通过动脑、动手来解决矛盾,从而使他们逐步形成对困难的承受能力和对环境的适应能力,培养出一种迎难而上的坚强意志。

孩子年龄小,对挫折没有深刻的认识,如果父母过于袒护孩子,甚至总是表扬孩子,孩子长大后就很难承受挫折的打击。因为在孩子的眼中,眼前的一切都是顺应自己的想法而存在的,什么事情做起来都顺手,畅通无阻,慢慢地,孩子便会形成一种惯性认识,觉得自己能力强,成功看起来就是小事。

梦梦是个活泼可爱的孩子。她小的时候在妈妈上班的幼儿园里上学,由于教梦梦的老师都是妈妈的同事,所以,梦梦在幼儿园期间一直被老师们"特殊照顾"着。老师们常常夸奖梦梦,小朋友也都觉得梦梦很"厉害"。

可是,当梦梦结束幼儿园的生活,没有了以往的"特殊照顾"时,她便产生了一种很强烈的失落感。

一天,梦梦在课堂上和同学说话,被老师批评了几句。梦梦觉得自己很委屈,当场就哭了。回家之后,她竟然闹着不想去上学。

一旦孩子产生了这种不良心态,妈妈就要特别注意了。没有机会经历失败、遭遇挫折的孩子,会严重缺乏抗挫折的能力和经验,面对困难时,他们会因为不知所措而变得灰心丧气。

爬山的时候,妈妈和4岁的儿子一起走在陡峭的山路上。山路坑坑洼洼,一个只有4岁的孩子确实难以对付。但妈妈并没有马上拉起儿子的手,而是继续任由儿子跌跌撞撞地自己走,甚至看到儿子差点被小石子绊倒也不给他帮助。表面上看,妈妈这样做是残酷的,但也正是这份残酷,让孩子有了遭受挫折的经验。

美国一位儿童心理学家曾经说过:"父母必须让孩子知道,成长的道路不可能是一帆风顺的。成功往往是与艰难困苦、坎坷挫折相伴而来的。"

当孩子独自体验到挫折的时候,妈妈有必要适当地鼓励一下孩子,让孩子有信心继续走下去。当然,妈妈也不能因为孩子一时的失败就指责和打击他,这样会让孩子从此一蹶不振。

一位父亲很为他的孩子担忧。因为他的孩子已经是十五六岁了,却依然娇嫩柔弱,稍微遇到点困难就哭。为了让孩子变得坚强起来,他带着孩子去拜访了一位禅师,想请这位禅师训练自己的孩子。

禅师说:"你把孩子留在我这里,3个月以后,我一定把你的孩子训练成真正的男人。"父亲同意了。

3个月后,父亲来接孩子。禅师安排孩子和一个空手道教练进行了一场比赛,以展示这3个月的训练成果。

教练一出手,孩子便应声倒地。他随即站起来继续迎接挑战,但马上又被打倒在地,接着又站起来……这样来来回回一共有七八次。

禅师问这位父亲:"你觉得你孩子表现怎样?"

父亲说:"我羞愧死了!我想不到我送他来这里受训了3个月,结果却仍然这么不经打,被人一打就倒。"

禅师说:"我很遗憾你只看到了这表面的胜负,而没有看到你儿子那种倒下去又立刻站起来的勇气和毅力。这才是真正的男子汉气概啊!"

面对失败和挫折,永不服输,永不言弃,跌倒了再爬起来,这就是抗挫折的能力!

7.教孩子看到别人的优点

不论是大人还是孩子,似乎都更容易发现别人的缺点,而很难看到别人的优点。这其实是一种骄傲自大、心胸狭窄的表现。妈妈应从小教孩子善于发现别人的优点,懂得欣赏别人,这对于孩子的成长和人际关系的建立是十分重要的。

早上,妈妈打开音乐频道后就去给女儿乔乔准备早餐,乔乔一个人在电视前认真地听歌。

妈妈从厨房出来,看到女儿认真的样子,就问了一句:"乔乔,好听吗?"

第九章 不自满:给骄傲的孩子"泼点冷水"

"好听。妈妈,我想到了草原。"乔乔转过身认真地和妈妈说道。

"那乔乔告诉妈妈,这首歌是谁唱的呢?"

"不知道,是谁呀?"

"是XX阿姨。"

"不会吧。妈妈,就是那个胖胖的阿姨吗?"乔乔惊讶地看着妈妈。

"乔乔,虽然XX阿姨很胖,但她唱歌很好听呀。这首歌到现在还没有人能够唱到她那么好听的。乔乔,多看到别人身上的优点,对你的成长来说是一件好事。"

"哦,妈妈,我知道了,就像隔壁那个爱哭的小弟弟也有优点,是吗?"

"是的,那个小弟弟不哭的时候,是不是也很可爱呢?"

乔乔看着妈妈,点了点头。

妈妈对孩子的格外珍惜与爱护往往会让孩子养成"唯我独尊"的性格,他们常常觉得自己才是最棒的,其他孩子都没资格和自己比。长此以往,孩子就会变得越来越自负。过分强调自己的优点,习惯放大别人的缺点、忽视别人的优点,是现在很多孩子的通病。

其实,每个人身上都会有优点和缺点,习惯看到别人优点的孩子比习惯看到别人缺点的孩子更受欢迎。因此,父母应该鼓励孩子多看别人的优点,多去欣赏别人。

台湾著名作家林清玄当年做记者的时候,曾报道过一个小偷作案的手法相当细腻。他在文章最后情不自禁地感叹:"像心思如此细密、手法那么灵巧、风格这样独特的小偷,又是那么斯文有气质,如果不做小偷,做任何一行都会有成就的吧?"没想到,这句话竟影响了一个青年的一生。如今,当年的小偷已经成了台湾几家羊肉炉店的大老板。

在一次邂逅中,这位老板诚挚地对林清玄说:"林先生写的那篇特稿打破了我生活的盲点,使我想,为什么除了做小偷,我没想过做正事呢?"从此,他脱胎换骨,重新做人。

没有林清玄当年对小偷的"欣赏"和期盼,恐怕就不会有他今天的事业和成就。

心理专家提出,想要看到别人的优点,首先要学会看到自己的优点。只有当孩子看到了自己的优点,有了自信,才会有勇气去发现别人的优点。妈妈平时可以通过一些适当的比较,让孩子发现自己的优点,充分地认识到自己的优点。比如,妈妈可以和孩子玩"优点大收集"的游戏,跟孩子比一比,看谁说出的对方的优点多,谁就获胜。游戏还可以延伸至孩子的小伙伴,让孩子说说朋友们的优点,引导孩子发现别人好的一面,而不总是用挑剔的眼光去看别人。

第十章

懂感恩：在孩子的心中播下爱的种子

1.营造感恩的环境

一个人是否有感恩之心，与他所处的环境、所受到的教育是密不可分的。从小培养孩子具有感恩之心非常重要，让孩子知道感恩是每一个家长的重要责任。

妈妈是孩子的第一任老师，妈妈的一言一行、一举一动都会对孩子产生潜移默化的影响。因此，想让孩子懂得感恩，妈妈首先要常怀一颗感恩之心，尊老敬老，善待身边的人和事，无论是对领导还是亲戚朋友，只要他们曾经帮助过自己，都应心存感激。

只要妈妈坚持做到以身作则、言行一致，让孩子感到榜样就在身边，感恩教育就有希望了。

·妈妈的情绪，决定孩子的未来·

一个年轻的母亲抱着一个3岁左右的孩子挤进了拥挤的地铁，旁边座位上一个年轻的女孩给他们让了座。这位母亲把孩子放在座位上后，让孩子说"谢谢"，可那个孩子却扭头往窗外看，不理会妈妈的话。这位母亲尴尬地说："孩子就是这样。"那个让座的女孩说："没关系。"孩子就一个人坐着，他的母亲在旁边站着。车上的人越来越多，越来越挤，母亲想抱着孩子坐下，但孩子却用手推开母亲，不让母亲坐，可这位母亲只是尴尬地笑笑。

这位母亲自己都很吝啬一句"谢谢"，孩子怎么可能会有这样的好习惯呢？妈妈要想让孩具备感恩的心，就要言传身教，做孩子的榜样。不管在什么时候得到了帮助，都不要忘了说一些感谢的话或者做一些表示感谢的动作。

张炘炀10岁考上大学，是全国年龄最小的大学生；13岁考上研究生，是全国年龄最小的硕士研究生；2011年，16岁的他被北航数学专业录取，又成了最小的博士生，成为众人瞩目的焦点。10月16日，中央电视台《看见》栏目播出了对张炘炀的专访《长大要成人》。张炘炀接受采访时表示："妈妈要给自己在北京全款买房，否则就不去读博士。"他的逻辑思维是"我替妈妈实现梦想"，那么"妈妈也应当为了我能留在北京而努力"，"我博士出来，连住的地方都没有。博士毕业有用吗？博士后毕业有用吗？"

上海汪佳晶19岁去日本留学。2011年3月31日晚，在日本留学近5年的他乘坐飞机回到上海，在浦东机场与母亲因学费问题发生了争执。汪母明确表示已没有能力再供其继续求学，深受刺激的汪佳晶从随身的托运行李包内拿出了两把尖刀，对母亲头部、手臂、腹部、背部多处进行砍、刺，毫无防备的汪母受伤后最终倒地。汪佳晶在逃离现场时被民警抓获，汪母构成重伤。10月31日，上海市浦东区人民法院一审判处汪佳晶有期徒刑3年6个月。

这两个例子应该引起妈妈们的警醒。一个懂得感恩的孩子，他会感激别人替他做的一切，珍惜他得到的所有。如果你不想将孩子培养成"白眼狼"，那就千万不要替孩子做太多，不要助长孩子的受之无愧感，要去教导孩子懂得感恩。

在日常生活中，妈妈应该时刻创造条件启发孩子学会用感激、感恩的心态去面对自己的付出，让孩子先从感恩妈妈开始。比如，让孩子知道妈妈为自己做事后要说谢谢等，通过这种小事情、小情绪，让孩子熟悉这种感恩的状态，并最终知道如何表示自己的感恩。

谢尔·希尔弗斯讲过一个"爱心树"的故事。

从前有一棵大树，"喜欢"上了一个男孩，这个男孩也很"喜欢"这棵大树。男孩每天都会跑到大树下，用树枝和树叶编"王冠"，爬到树上荡秋千，吃果实，和大树玩捉迷藏的游戏，累了，就在树荫下睡一觉。

渐渐地，小男孩长大了，他不再常常来找大树玩，大树感到很孤单。

一天，男孩终于来看大树了，大树非常高兴，对男孩说："快来吧，孩子，在树枝上荡荡秋千，吃几个果子，再到阴凉下睡一觉。"

男孩却说："我已经长大了，不再爱玩那些游戏了，我想买好吃好玩的东西。我需要一些钱，你能给我吗？"

大树没有钱，它对男孩说："我没有钱，我只有树叶和果实，你把它们拿到城里去卖吧，这样你就会有钱了。"

于是，男孩爬上大树，摘下树上的叶子和果实，拿到城里去卖。大树为能帮到男孩而感到满足。

过了很久很久，男孩也没有来看望大树，大树很难过。

有一天,男孩终于又来了。大树高兴地扭起了树干,对男孩说:"快来吧,爬到我的树干上荡秋千!"

"我很忙,没有时间爬树。"男孩说,"我需要一个妻子,还要生好多孩子,我要一幢保暖的房子。你能给我一幢房子吗?"

大树没有房子,却对男孩说:"你可以把我的树枝砍下,拿去盖房了。"于是,男孩把树枝都砍了下来,用它们盖了一幢房子。大树为能帮到男孩而感到快乐。

这以后,男孩又有很长时间没有来看望大树。

当他终于又回来时,大树高兴得话都说不出来了,它哑着嗓子说:"来吧,孩子,和我玩玩吧!"

"我已经长大了,心情也不好,不愿意玩了。"男孩说,"我需要一条船,驾着它到远方,你能给我一条船吗?"

大树让孩子砍下自己身上仅有的树干,男孩用它做了一条船,驶向远方。大树再次为能满足男孩的愿望而感到高兴。

又过了很久,男孩又来了,对大树说:"我现在需要的实在不多了,只是想找个安静的地方坐坐,休息一下,我太累了。"

大树说:"非常抱歉,孩子,我现在只是个老树墩,实在没有什么东西可以给你了。不过,我还是非常希望能为你做些什么,真是抱歉。来吧,孩子,坐到我身上休息吧。"

大树说完,使劲地挺高自己的身体,当男孩坐在它身上时,它感到很幸福。

谢尔·希尔弗斯坦用他的文字给我们讲述了一个关于索取和奉献的感人故事。故事中,大树便是母亲的化身,对孩子一无所求,却把自己的一切都奉献给了孩子。

故事中的大树"妈妈"所做的一切非常感人,但如果她除了爱,还有智慧,就应当教会男孩去理解"爱"、感谢"爱"、回报"爱"。这样的母爱才是我们现在所倡导的科学的家教观。

感恩,是为了让孩子们懂得尊重别人,对别人的给予心存感激。教育孩子感恩要从妈妈做起,从身边的小事做起。家庭是孩子第一个也是永远的学校,妈妈是孩子第一个也是永远的老师。妈妈自己做到关心、感恩老人,关爱、感激他人,孩子自然会受到影响。孩子的好品质、好行为是不断培养出来的,妈妈要让孩子从细微处入手,从小事做起,让他养成一种习惯,进而渐渐形成一种责任和义务。

2.从小培育感恩的心

有句名言:"人如果没有感恩的意识,那与禽兽有什么两样呢?"感恩是中华民族的传统美德,是一种处世哲学,是一个人对自己和他人以及社会关系的正确认识;感恩也是一种责任,知恩图报,有恩必报,它不仅是一种情感,更是一种人生境界的体现。

培养孩子学会感恩,不仅是美德的要求,更是生命的一个基本要素。只有让孩子知道了感恩,他们的内心才会充实,头脑才会理智,人生才会有更多的幸福。常怀感恩之心,这个世界才会变得更加美丽。

从某种意义上来说,缺乏感恩意识的孩子,无论他的能力多么出色,都是难以成为真正意义上的强者的,因为社会难以接受和认可不知道感恩的人。

早上，妈妈为家人做好了早饭并盛好放在桌上。儿子过来一看是用大碗盛的，马上不高兴地说："我不要用这个碗，我要用小碗。"昨天，妈妈用小碗给他盛的时候，他要求跟大家一样用大碗。妈妈今天用大碗盛，他却又不高兴了。

看着儿子不开心的脸，妈妈也有点不高兴地说："你昨天不是要求跟我们一样的吗？今天想换，你应该提前说。"

听到妈妈的责问，儿子放下筷子，一个人跑到房间生闷气去了。这时，妈妈意识到要让孩子有一颗懂得感恩的心，不能只为了这些小事闹情绪。

妈妈没有马上叫儿子过来吃饭，想让他自己先冷静一下。

过了一会儿，儿子跑过来看着碗，妈妈跟他交流了一下。

妈妈："聪聪，你今天不喜欢大碗吗？"

聪聪："那是我昨天要用的，但我今天想用小碗。"

妈妈："因为你昨天提出要用大碗，今天妈妈才给你换的，如果今天你有意见，应该在妈妈盛饭之前提出来，今天的就这样先吃吧。"

聪聪看了看妈妈，没做声，拿起筷子开始吃饭。

吃好了饭，妈妈说："聪聪，现在妈妈想跟你交流一下。"

聪聪："说什么？"

妈妈："说今天你的做法。妈妈早上冒着寒冷为家人做早饭，你应该以一颗感恩的心来对待妈妈。妈妈在做饭的时候，你还在温暖的床上。妈妈做好了早饭，你应该谢谢妈妈，而不是用这种难看的表情来面对着妈妈。"

聪聪看着妈妈，不做声。

妈妈："今天妈妈不是拿错了你的碗，而是按照你昨天的要求做的。即使妈妈今天用错了碗，你只要跟妈妈说一下就可以了，而不是用这样的表情面对妈妈。早上起来，妈妈的手放进水里是很冷的，你应该多体谅妈妈，为他人着想。妈妈辛苦做了早饭，你还这样对待妈妈，妈妈心里很不舒服。"

妈妈说完,严肃地看着聪聪的脸问:"聪聪,如果是你做了早饭,妈妈对你闹情绪,你会怎么想?你认为今天这样对待妈妈对吗?"

聪聪看着妈妈说:"我知道了妈妈。下次我会好好说的。"

很多时候,妈妈会忽视孩子在生活中的一些细节。当妈妈们辛苦地为孩子操劳时,孩子不但没有感恩之心,还时常为了一些小事而大发脾气。这时,妈妈们不能认为孩子还小,这些行为可以不计较,而应及时给孩子指出错误。孩子本身有这些行为的时候,他是无意识的,如果妈妈们不及时指出来,他就会认为这种行为是正确的。

要让孩子有一颗感恩的心,妈妈们应从孩子小的时候开始!

小希是小学一年级的学生。一次上体育课,他不小心摔倒在地,腿上磕破了皮,几个同学见状,立刻上前把他扶了起来。后来,体育老师背着他去了学校医务室。医生说没事,给小希敷上了一些创伤药,体育老师才放下心来。

小希回家后把这件事情告诉了妈妈,说自己当时很感动。小希的妈妈趁机教育孩子不仅要有感恩的心,同时还应有知恩图报的心。妈妈告诉小希,乐于助人是使人快乐的事情,要有乐于助人的美德。小希明白了妈妈的心意,从此不但知道了感恩,还学会了主动帮助别人。

只有让孩子走进集体,去亲身感受周围发生的事情,孩子才有可能体验到没有血缘关系的人与人之间的诚挚感情,以及互帮互助的精神,才会真正地懂得感恩,学会与人为善。当然,集体中可能也会发生一些不利于教育孩子的事情,这时,妈妈要让孩子学会明辨是非,让孩子向好人好事学习,避免向不良的人与事学习。

3.会感恩的孩子更懂爱

在中国,自古就有不图回报的美德,也有"知恩不报非君子"、"滴水之恩当涌泉相报"的古训。感恩是每个人都应该具备的基本道德,也是一个人最起码的修养。

感恩是一种对恩惠心存感激的表示,是每一位不忘他人恩情的人萦绕心间的情感。在生活中,如果我们每个人都不忘感恩,人与人之间的关系将会变得更加和谐、更加亲切。我们自身也会因为这种感恩心理的存在而变得更加愉快和健康。懂得感恩,内心才会时刻充满温暖,才会幸福快乐。

一个穷苦学生为了筹学费,挨家挨户地推销货品。到了晚上,他的肚子很饿,但口袋里只有一个硬币。他想向别人要点吃的,然而,当一位年轻的女孩子打开门时,他却失去了勇气。他没敢讨饭,只要了一杯水喝。女孩看出他很饿,便给他端来了一大杯鲜奶来。

他不慌不忙地将它喝下,并问:"应付多少钱?"

女孩答道:"不需要付钱,母亲告诉我们,不要为善事要求回报。"

听了女孩的话,这个穷苦的学生说:"那么,我只有由衷地谢谢你了!"

数年后,那个女孩患了很严重的疾病,当地医生束手无策,家人只好将她送进大都市,请专家来为她治疗。

他们请到了郝武德·凯利医生来诊断。当医生听说病人是某某城的人时,他的眼中充满了奇特的光辉。他立刻穿上医生的服装,走向她的病房。

第十章 懂感恩：在孩子的心中播下爱的种子

在病房里，医生一眼就认出了她，他下定决心要尽最大的努力来挽救她的生命。从那天起，医生特别关注她的病情，经过漫长的奋斗，终于帮她战胜了病魔。

最后，计价室将出院的账单送到医生手中，请他签字。医生看了账单一眼，然后在账单边缘写了几个字，就将账单转送到她的病房里。

女孩不敢打开账单，因为她确定，这笔医药费需要她一辈子才能还清。

最终，女孩鼓起勇气打开账单，却看到上面写了一句话："一杯鲜奶足以付清全部的医药费！"签署人：郝武德·凯利医生。

感恩是一个温暖的字眼，每个人都感恩过和被感恩过，都感受过感恩和被感恩时所得到的快乐。

人们生活在这个世界上，时时接受各种"恩赐"：父母的养育，师长的教诲，爱人的关爱，朋友的友情，大自然的慷慨赐予……然而，对于这些恩惠，有些人似乎觉得十分理所当然，没有丝毫的感恩意识，这种现象在孩子身上尤为突出。所以，教育孩子"学会感恩"是一件很重要的事情。让孩子学会感恩，其实就是让他学会尊重他人，对他人的帮助怀有感激之心——感激给予生命并养育他们的父母；感激给予他们各种知识的教师；感激给予他们帮助的同学和朋友；感激生活中一切美好的事物。一个懂得感恩的孩子往往更懂得珍惜自己的生活，也更善于发现事物的美好。

一个富商资助了5个贫困中学生很长一段时间，突然有一天，资助中断了。原来，富商的公司遇到了财务危机，马上就要破产了，所以没有办法再继续资助他们。富商的心情很沮丧，他觉得自己很失败，同时也对竟没有一个孩子关心他现在的情况而感到失望。

一段时间后，因为失去了富商的资助，这5个原本幸运的孩子又变回了原先窘迫的样子,他们不知道为什么这位好心的叔叔不肯再继续资助他们。再后来,那个富商又开始继续资助那5个孩子中的一个,另一个孩子知道了很是着急,他非常希望幸运的光环能再次降临到自己的头上,所以顾不得心里的忐忑,那个孩子给富商打了一个电话。当电话里传来富商那和蔼可亲的声音时,孩子问道:"您能继续资助我吗?我真的很需要您的帮助!"富商在电话那边沉默了半分钟,说道:"孩子,你有没有想过我这次为什么只资助他一个而不是你们全部?当我心情最低落的时候,我以为我再也无法东山再起了,可我后来收到了一通意外来电,是那个孩子打来的,他在电话中说不知道我是因为什么原因不能再继续资助他,但他还是很感谢我这些年来对他的帮助……后来,我又重新打起精神,事业也在我不断的努力下起死回生,所以当我又有能力的时候,我决定继续资助这个孩子。至于你们,我只能说很抱歉,因为我不愿再帮助一些永远不知道感恩而只知道一味索取的人……"

是呀,他从来都只知道接受富商每个月的赠与,而不曾想过要感谢别人的这份爱心,自己接受得理所当然,就算是后来收不到钱了,他也从没想过是什么原因让他不再资助自己,从没有关心过这个问题……听到这里,这个孩子感到无比的羞愧,脸红地放下了电话。

感恩是生活中的大智慧,但遗憾的是,感恩情怀对如今的某些人来说,已经变成了一种完全陌生的感觉,大人如此,孩子们更是如此。不经意间,我们的孩子已经逐渐丧失了感恩的心态,甚至不知道什么是感恩、如何感恩,这一点值得做父母的反思。

心中有爱的孩子更容易感受到快乐,其内心也会因此而更加丰盈纯美。所以,不管客观环境如何,也不管曾经的教育正确与否,从现在开始,父母要学会让孩子拥有一颗感恩之心。

4.留给孩子一个爱的机会

英国教育家夏洛特·梅森说:"在每个孩子心中都有一口爱的源泉,它唯一的事情就是流淌,而在妈妈这方则要保持体贴、友好、感恩、孝顺、奉献,这些渠道不封闭、不阻塞,而且永远向前流动。"

如何让泉水保持流动呢?让孩子感觉到他们每一次爱的流露所创造的喜悦。感恩之心要从小在家庭中培养,因为只有孩子对妈妈心存感激,才会把这种情感扩大到他人与社会。

一位母亲载着女儿出门学溜冰,在路上,她有感而发地问孩子:"妈妈这么辛苦地照顾你,你将来会不会孝顺我啊?"

小女儿傻乎乎地问道:"什么是孝顺?"

母亲笑道:"孝顺就是对我好、爱我!"

女儿很天真地说:"我会的,孝顺你,将来赚到钱都给你!"

母亲笑着说:"妈妈不要你的钱,你看现在妈妈很辛苦地载你去上课,去玩,将来我老了,走不动了,你也要记得来看我,载我去玩哦!"

女儿说:"我会的,我长大以后要跟你住,每天都看到你!"

真是可爱的母亲,可爱的孩子!

很多母亲在生病难受的时候总是说:"妈妈没事,宝宝乖……"这样,孩子永远不会知道妈妈这样的时候,他要怎么做。如果母亲这样说:"妈妈不舒服,你可以替我拍拍背吗?"孩子一定会听话地替母亲拍背。"妈妈现在感觉好多了,你可以替妈妈倒杯水吗?"孩子也会很乖地去倒水。这样以后,谁出现不舒服的情况,他都会知道,首先要安抚,其次要去倒水等。这是在教孩子"爱"!

爱人的能力并非与生俱来,这需要父母从小教导。

一个女孩正在家里写作业,爸爸下班回来了。刚刚在学校接受过爱的教育的孩子马上倒了一杯茶水,递到爸爸面前:"爸爸,请喝茶!"

这时,爸爸却冷冰冰地说:"去,去,去,写作业去!别趁机跑出来玩儿!谁用你倒茶,多考个100分比什么都强!"

一个男孩看到有病的妈妈在厨房做饭很辛苦,便走进厨房说:"妈,我帮你干!"妈妈马上挥挥手说:"不用你,把你的书念好,就是关心你妈了。妈妈可不希望儿子长大当厨师,妈要你当研究生!"

孩子心中刚刚萌发起爱的火焰,就这样一次又一次被父母无情地扑灭了。渐渐地,孩子明白了,父母所要求的就是考高分、上重点学校,别的什么都不需要。然而,这不是所有孩子都能达到的目标!于是,许许多多的孩子变得心灰意冷、玩世不恭,不再关心别人,也不懂得爱别人。

真正爱孩子的妈妈,就要在孩子面前表现得弱一点儿,给孩子一点爱的机会。别总把自己看成是高山,视孩子为小草,让孩子靠着你、仰视你、惧怕你;更不要当大伞,视孩子为小鸡,为孩子遮风挡雨,让孩子变得弱不禁风。

一天,有户人家来了一位客人,家长端上来一盘梨子,孩子首先拿着大梨子给客人送了过去,这位客人直夸他是个好孩子。谁知,当客人真的张口咬梨时,孩子又哭又闹,这是怎么回事呢?原来,每次吃东西时,家人都会上演《孔融让梨》的故事,让孩子把好东西先拿给家人,每次家人都只是把东西接下来做做样子,然后又递给孩子,这样,最好的东西还是回到了孩子手中。

这是在教育吗？这只是在演一场戏，一场剥夺孩子表达爱的机会的悲剧。在这样的教育下，孩子怎能养成关心别人的良好品质呢？怎能有一颗感恩的心呢？给孩子表达爱的机会不只是做做样子，大人要真的接受孩子给予的爱，让他们觉得不仅要享受爱，更要学会表达自己的爱。

卢梭这样告诫世人："人生当中最危险的一段时间是从出生到12岁，在这段时间中还不采取摧毁种种错误和恶习的手段的话，它们就会发芽滋长，及至以后采取手段去改的时候，它们已经是扎下了深根，以致永远也拔不掉了。"所以，从现在开始，妈妈们就要给孩子表达自己爱的机会，让孩子学会爱别人，学会关心别人，让孩子真正拥有一颗感恩的心。

5.教孩子学会给予

现在的孩子在家里大多是"小皇帝"，衣来伸手，饭来张口，有求必应，只知索取，不知给予。很多大人也不计较这些，认为孩子小，还不懂事，于是处处顺从孩子。在这样的家庭环境中成长起来的孩子，成年后，心理上会有一定的缺陷。他们会认为自己所得到的一切都是理所当然的，几乎没有给予别人的概念；而在没有得到时，他们会对周围的一切充满抱怨甚至仇恨。

但是，孩子将来总会进入社会，成为社会人，和各种各样的人打交道，到那时，如果孩子还是只"受"不"给"，就容易产生人际关系危机，因为社会不可能"无条件"给予任何人想要的东西。

教育孩子给予，就是培养孩子的同情心和感恩之心。懂得在接受时感谢别人的孩子，将来会成为一个有情的人；懂得大方给予的孩子，将来会成为一个有义的人。有情有义的人，在社会上才受欢迎！

让孩子学会给予，首先要让孩子懂得不能随便接受别人的东西，不允许孩子自己主动向别人要东西，告诉孩子，这样做很没礼貌；别人给自己东西时不要挑选贵重的，陌生人的馈赠不能接受；熟人的馈赠先婉言谢绝，实在盛情难却时，要让孩子真诚地说声"谢谢"，并在恰当的时候报之以李，等等。

当东南亚发生海啸地震，香港电视播放赈灾的场面时，6岁的儿子竟然说："香港人捐了那么多钱啊，我都愿意我们这里地震海啸，这样，那些钱就可以给我们啦！"

为了改变儿子这种错误的想法，妈妈给儿子讲了个故事："从前有两个人要投胎到世上，临行前，他们到上帝那里告别，上帝问他们有什么要求，一个说：'我喜欢什么都是别人给我，穿的吃的住的用的……'另一个则说：'我愿意把自己的任何东西都分给别人，只要我手头有……'上帝答应了他们。"

"果然，喜欢'别人给'的那人到人间做了衣不蔽体、食不裹腹的乞丐，天天到街上做伸手派，当然，吃的穿的住的都是不好的；愿意'给别人'的那个则成为了大老板，生意顺利，挣了很多钱，富甲一方，他经常做善事，捐钱建敬老院和学校，给贫困的人……"

"儿子，你是愿意做'给别人'的强者，还是'别人给'做弱者呢？遭受海啸地震的人们，房子没有了，亲人也没有了，生活很困难……其实，喜欢给予的人才是强者！"

妈妈说完，儿子脸色庄重地说："那么,把我的零花钱捐给灾区吧！"

"给予"和"接受"是相通的,当我们帮助别人时,也是在帮助自己。

对孩子的给予行为,妈妈要给予及时的表扬。生活中也有很多妈妈看见孩子吃东西时逗孩子,但孩子给他东西时,又不吃,这样会给孩子留下"就是给了爸爸妈妈,他们也不会吃"的印象,不利于培养孩子的给予意识。所以,孩子主动给东西时,一定要吃下去,虽然孩子的食品少了,但他的精神"粮食"多了。

此外,言教的过程中应伴随身教。身教是一种无声的教育,妈妈不但要用语言告诉孩子给予的道理,还要用自己的行动示范给孩子看,成为孩子的榜样。

6.孝顺是代代相传的宝贵财富

俗话说"百行孝为先,孝为德之本"。孝,是中华民族的一种传统美德,也是各种品德形成的前提。《诗经》上有一句"哀哀父母,生我劬劳",感叹和赞美了父母的养育之恩。唐朝孟郊诗云："谁言寸草心,报得三春晖。"更是表达了孝敬父母的渴望。而"祭而丰不如养之厚,悔之晚何若谨于前"的古训,则督促后辈履行对父母的赡养和孝敬。可以说,以孝敬长辈为核心的家庭美德,几千年来代代相传,形成了中华民族伦理观念和道德品质的精华部分。

从前,一对老夫妇含辛茹苦地将4个儿女抚养成人,帮他们成家立业。但长大的儿女对二老并不孝顺,所以,他们的生活过得如孤寡老人一般凄凉。为了改变现状,二老经过一番商议后决定宴请儿女。在吃饭时,母亲当着全家人的面对老伴说:"老伴,趁今天大家都在,你就将祖上流传下来的无价传世之宝拿出来给大家饱饱眼福吧!"儿女们惊喜万分,没想到自家祖上还留有无价的传世之宝。此时,父亲却十分傲慢地说道:"祖上有交代,只传给孝子,为了让你们兄妹之间不产生矛盾,还是不拿出来了。"无论儿女们如何哀求,父亲都摇头说:"以后再说吧!"

从那以后,儿女们一反常态,对待二老百般殷勤孝顺,儿子教导自己的孩子要孝敬爷爷奶奶,女儿教导孩子要孝顺外公外婆,并经常买二老喜欢的各种礼物叫孩子送去,对二老可谓百依百顺。特别是当老人有小病小痛时,儿女们都不离左右地伺候着,生怕自己在老人心中成了不孝之人,让传世之宝落入别家。父亲临死前告诉儿女们:"传世之宝我已托付给你们的母亲保管。"父亲走后,儿女们为了得到此宝,对待母亲更是殷勤孝顺,为了讨老人的欢心各施其招,老人在大家百般孝顺的伺候下走完了自己的人生。在断气前,母亲拿出一个精美的宝盒交给大家说道:"在我死后要做七七四十九天的道场,然后才能当众打开。"于是,儿女们在母亲死后做了七七四十九天的道场,最后打开宝盒发现:宝盒内有一块石头,石头正面刻着一个"孝"字。

由于孙辈们从小就看到自己的父母对待老人殷勤孝顺,在父母们的言传身教下,也养成了敬奉长辈的习惯。当儿女们老了,他们也得到了自己儿女及孙辈们的尽心孝敬。就这样,"孝"字变成了他们各自家中的传世之宝。

从那以后,他们家的子孙后代都严格遵照准则做人做事,不但有孝

第十章 懂感恩：在孩子的心中播下爱的种子

心，而且品德高尚，待人真诚，心地善良，为人处事极得人心，本份做人，踏实做事，在各自的领域内都获得了不小的成就，功名利禄俱全，还出了许多高寿之人。人们传言是他们家的祖坟埋得好，房子盖得好，其实不然，这一切全都源于一个"孝"字。

事实证明，一个生活在以孝敬为美德的家庭里的孩子，他会不自觉得养成尊老孝敬之心。孝，不是天性；不孝，也不是天性。没有哪一个孩子生来就是孝子，也没有那一个孩子生来就是不孝之子，孩子的孝心是教育出来。

岚岚11岁，爸爸妈妈对她十分疼爱，岚岚也很喜欢爸爸妈妈，但她心中还没有心疼父母的概念。爸爸妈妈每天拖着疲惫的身子回到家中，连一口热水都喝不上，张峰却还一个劲要爸爸陪她玩，嫌弃妈妈做饭慢。

对此，父母不禁感到难过。他们想，也许是自己平时对女儿的溺爱让岚岚没有孝敬父母的意识。于是，他们决定从生活小事中培养孩子的孝顺意识。

有一次，岚岚来了兴趣要自己洗衣服，妈妈痛快地答应了。第一次洗衣服，岚岚洗得相当吃力，额头上渗出了细细的汗珠，胳膊也酸痛不已。岚岚好奇地问妈妈："妈妈，你平时帮我和爸爸洗衣服也这么累吗？"妈妈说："虽然我力气比你大，不过每次洗那么多脏衣服，也是很累的。"岚岚听完后若有所思地说："妈妈，我现在长大了，以后我的衣服我自己来洗吧。"

妈妈听了女儿的话，心里不知有多高兴，她夸奖岚岚说："女儿懂事了，知道心疼妈妈了。"听了妈妈的夸奖，岚岚更高兴了。此后，岚岚变得懂事多了，除了坚持洗自己的衣服，还会主动帮父母做些家务活。

我国有句俗话："百善孝为先。"如果说每个人的生命都是奔流不息的小河，那么父母就是小河的源头。没有父母，哪有孩子？没有父母的爱，哪有孩子的幸福？

在我们的很多伦理学著作中，都会将孝敬父母看作人际关系的第一个台阶。可以说，孝心在人与人相处中占有很大的地位。我们很难想象，一个连父母都不知道要关心的人，又怎么会去关心别人呢？不去关心别人，你又怎么能获得别人的友谊呢？

所以，父母在孩子还小的时候，一定要注重培养他的孝心。

7.珍惜孩子宝贵的爱心

从古至今，爱心都被认为是一个人的基本道德和社会的灵魂。孔子说"仁者爱人"，孟子讲"王道"，都是以爱为核心的。爱心的产生，是基于个体的社会性情感需要，它不是人与生俱来的品质，而是在后天的环境和教育的熏陶下逐渐形成的习惯性心理倾向，必须在童年时细心培养。

孩子的童心是很柔软的，稍不注意就会被岁月磨得粗糙而坚硬，父母要对孩子晓之以理，动之以情，从小事上培养和保护孩子善良的心。正如苏霍姆林斯基所说的："只有当孩子不是从理智上，而是从内心里体会到别人的痛苦时，我们才能心安理得地说我们在他们身上培养出了最重要的品质，那就是人们的爱。"父母可以通过各种教育手段激发孩子产生

第十章 懂感恩：在孩子的心中播下爱的种子

积极的心理，使他们从小就对符合社会道德的助人帮困行为产生愉快自豪并向往的情绪体验。

一个男孩父母早逝，与自己的妹妹相依为命，妹妹就是他唯一的亲人，所以这个小男孩爱妹妹胜过爱自己。然而，灾难再一次降临，不幸的妹妹染上了重病，需要输血。但医院的血液太昂贵了，男孩根本没有钱支付那些费用，尽管医院已经免去了手术费，但剩下的钱对男孩而言依旧是天文数字。

男孩的血型和妹妹完全相符。当医生问男孩是否有勇气承受抽血时的疼痛时，男孩犹豫了。这个10岁的孩子经过一番思考后，终于点了点头。

抽血的时候，男孩安静地没有发出一丝声响，只是向着临床上的妹妹微笑。抽血完毕后，男孩颤抖着问道："医生，我还能活多长时间？"

医生正想笑男孩的无知，但转瞬间就被男孩的勇敢震撼了：这个10岁孩子以为输血会让他失去生命，但他仍然把血输给了妹妹。在那一瞬间，男孩所做出的决定是多么勇敢，他甚至下定了死亡的决心！

医生紧握着男孩的手，感动地说："放心吧，你不会死的，输血不会丢掉生命。"

男孩眼中放出了光彩："真的？那我还能活多少年？"

医生微笑着说，"你能活到100岁，小伙子，你很健康！"男孩高兴得又蹦又跳。他确认自己真的没事后，又挽起刚才被抽血的胳膊，昂起头，郑重其事地对医生说："那就把我的血抽一半给妹妹吧，我们两个每人都能再活50年！"

在场的所有人都震惊了，这不是孩子幼稚的承诺，这是人类最无私、最纯真的诺言。

爱心是人性光辉中最美丽、最暖人的一缕。没有爱心，没有人与人之间发自肺腑的关爱,就不可能有人类的进步。

对于一个孩子的个性发展而言,没有什么能比爱和善良更重要,这是孩子将来亲和社会的基础和前提。孩子的爱心是通过自然而然的模仿、潜移默化的渗透而逐渐形成的,是一个从外在到内在、从量变到质变的发展过程。在这一发展过程中,家庭是最重要的爱心培育基地,父母是最直接的爱心传播者。因此,孩子有没有爱心,关键在于家长的引导和培养。

妈妈可以利用生活中的事例从侧面来教育孩子关心他人,关心动物,比如在看电视的时候,如果出现动物弱肉强食的画面,不妨趁机对孩子说:"多恐怖呀,我们人类可不能这样!"

有相关调查表明,幼年饲养过小动物的孩子感情比较细腻,心地比较善良。相反,从小没有接触过小动物的孩子感情则相对比较冷漠,与同学发生矛盾冲突时表现为冲动易怒、出口伤人、行为粗鲁,并且会欺负弱小的同学。

所以,只要孩子愿意养小动物和植物,妈妈应尽可能允许他去养。在饲养动物或培育植物的过程中,妈妈只能在一旁进行必要的指导,其他都要让孩子自己动手,亲自照顾动植物有助于孩子爱心的养成。

8.帮助别人是快乐之本

助人为乐是中华民族的传统美德,也是当今社会值得提倡的道德风尚。人的本质是爱的相互存在,人的生活是由与他人的相互交往构成的。

乐于助人,就是要求人们善于理解他人的处境、他人的情感和需要随时准备从道义上去支持他人,从行动上关心帮助他人。

著名书法家王羲之的书法天下闻名,但他轻易不肯给人写字。有一天,王羲之在路上遇见了一位贫苦的老婆婆,对方提着一篮竹扇在集市旁叫卖,却没有什么人去买。他看到后心里很感同情,便帮老婆婆在每把扇子上都题上了字。人们知道后纷纷围拢来抢着购买,一篮子竹扇很快被抢购一空。等着买米下锅的老婆婆非常高兴,十分感谢乐于助人的大书法家。

助人为乐是一个人思想境界的行为体现,是一种精神的升华。人与人之间的交往是一种平等互惠的关系,你对别人怎样,别人也会怎样对你。所以,想得到别人的帮助,自己首先要帮助别人。

在美国德克萨斯州的一个风雪交加的夜晚,一位名叫巴布的年轻人因为汽车"抛锚"被困在郊外。正当他万分焦急的时候,一位骑马的男子正巧路过这里。见此情景,这位男子二话没说,用马帮助巴布把汽车拉到了小镇上。事后,当感激不尽的巴布拿出一沓美钞对他表示酬谢时,这位男子说:"这不需要回报,但我要你给我一个承诺,当别人有困难的时候,你也要尽力帮助他。"

于是,在后来的日子里,巴布主动帮助了许许多多的人,并且每次都没有忘记转述那句同样的话给所有被他帮助过的人。

几年后的一天,巴布被突然暴发的洪水困在了一个孤岛上,一位勇敢的少年冒着被洪水吞没的危险救了他。当他感谢少年的时候,少年竟然也说出了那句巴布曾说过无数次的话:"我不需要回报,但我要你给我一个承诺……"巴布的胸中顿时涌起一股暖流。

社会交往程度越密切，越是离不开人们的互相帮助。从小在孩子心中播下关心他人、助人为乐的种子，是发展孩子的健康心理，培养开朗、宽厚、善良性格的重要基础。一个乐于助人的孩子，能够不断收获到他人的支持、帮助。

开学半年多了，同学们从没见郑明辉笑过，这引起了班长吴大维的注意。平时，郑明辉从不和别人主动聊天，也不爱说话，只顾一个人低头学习。半年来，除了学校，他几乎没去过其他地方。由于他性格孤僻，同学们给他起了一个外号，叫"孤独大侠"。

直到有一次，郑明辉的一个亲戚来看他，吴大维才从他亲戚那里了解了他的不幸。原来，郑明辉很小的时候，父母在一次车祸中丧生，由于没有了生活的依靠，郑明辉和妹妹不知道该怎么活下去。幸好远方的舅舅闻讯赶来，把兄妹俩接到了自己家。但舅妈是一个好生事端的人，对郑明辉和妹妹十分苛刻，动不动就责骂他们，有时甚至会动手打他们。

一次妹妹发高热，舅舅不在家，郑明辉求舅妈带妹妹去看病，舅妈不理会，等舅舅回来把妹妹送到医院，妹妹的眼睛已经彻底失明了。自此，他变得不愿意和别人说话，除了妹妹。

吴大维知道了这一切后，主动找郑明辉谈话。吴大维说："郑明辉，我对你的不幸深表同情，希望我能帮助你。"郑明辉只是看看他，没有说话。可吴大维并没有放弃对他的帮助，他把郑明辉的事告诉了同学们，并让大家一起想办法。

由于郑明辉一直很排斥别人的靠近，尽管同学们很想帮助他，却苦于无从下手。吴大维忽然想到郑明辉的妹妹是发热导致的失明，也许能治好，于是，他请教了医生。医生告诉他要看什么情况，一般情况下是可

第十章 懂感恩：在孩子的心中播下爱的种子

以治好的。

这一点希望燃烧了吴大维的心，他回去组织同学策划捐款行动，然后背着郑明辉把他的妹妹送到了医院。经过检查，医生说可以治好，这让他和同学们高兴不已。

这段时间，郑明辉见同学们都怪怪的，总用一种异样的眼光看他，他以为是吴大维把他的事向同学们宣扬开导致的，一时间对吴大维越发冷漠。

直到一天，吴大维对郑明辉说："郑明辉，门口有人找你。"郑明辉疑惑不解，因为平时几乎没什么人来找他。当他走到校门口看见自己的妹妹时，他的眼睛立刻湿润了。

"怎么，你的眼睛？"

"是的，我可以看见你了！"

郑明辉不解地问："到底发生了什么事？"

妹妹把发生的一切告诉了郑明辉。从此，郑明辉和吴大维成了好朋友，他的性格也逐渐变得开朗了起来。

帮助别人是一件很快乐的事情，当别人遇到困难的时候，在自己的能力范围内主动去帮助别人，这个过程既可以让孩子之间建立良好的友谊，又可以让孩子体会到成就感，成为受欢迎的人，这将大大增加孩子的信心，使其更乐意与人交往。因此，培养孩子乐于助人的精神是儿童教育中的一个重要课题。

现在的孩子多为独生子女，他们在家中随时随地都处于被照顾的地位，很少有机会去关心、照顾别人，甚至很少想到别人，只知"自我"，根本不懂人与人之间要互相帮助。所以，妈妈们要创造机会让孩子学会帮助别人，培养孩子助人为乐的好习惯，这对孩子今后是否具有高尚的情操、健全的人格有不可估量的影响。

生活中，妈妈要让孩子明白，"助人为乐"这四个字蕴含着人世间最美的意义。"助人"为什么会快乐呢？因为可以从帮助别人的过程中发现自己的生存价值。由于你的帮助和付出，使别人的困难得到解决，把别人的不方便变成了方便，这是一种成功的体验。当孩子懂得这些道理之后，自然就会主动帮助别人。